COLECCIÓN POPULAR

72

LA REBELIÓN DE TÚPAC AMARU

DANIEL VALCÁRCEL

LA REBELIÓN DE TÚPAC AMARU

COLECCION POPULAR

FONDO DE CULTURA ECONÓMICA

MÉXICO

Primera edición (Tierra Firme), 1947
Segunda edición (Col. Popular), 1965
Tercera reimpresión, 1996

Carretera Picacho-Ajusco 227; 14200 México, D. F.

ISBN 968-16-4953-2

Impreso en México

A mi hijo,

José Gabriel Valcárcel Araníbar (*n.* 1958),

con inefable afecto.

INTRODUCCIÓN

EN LA segunda mitad del siglo XVIII, el mundo estaba dominado por Inglaterra, Francia y España. Tan grande área ocupaba el Imperio Español, que en sus tierras nunca se ocultaba el sol. En América, sus colonias más ricas y extensas eran los virreinatos del Perú y México. Barcos hispánicos surcaban los mares con oro y productos del continente, luchando siempre contra la escuadra inglesa —su tenaz rival. Cuando las guerras agotaron las arcas reales, un desaprensivo ministro aconsejó al rey Carlos III aumentar los impuestos, originando de inmediato serios disturbios en Hispanoamérica. Perú fue uno de los más afectados. A diario, corregidores sin escrúpulos explotaban a los indios y obtenían pingües ganancias a costa de su salud y vidas. Los forzaban a trabajar en minas, obrajes textiles, servicios domésticos y públicos por un salario escaso, que desaparecía de inmediato al comprar obligatoriamente el indio cosas inservibles o inútiles. La distancia impedía que el Rey y sus progresistas consejeros "ilustrados" remediasen tanto abuso. Además, el contrabando y otros negocios ilícitos de los funcionarios oprimían a la población colonial y disminuían las entradas del fisco. Por otra parte, como justa compensación los indios nobles guardaban la tradición del Tawantinsuyo y aprendían su historia principalmente en los *Comentarios Reales* de Garcilaso Chimpuocllo, edad de oro imperial que alimentó —y alimenta— la esperanza de sucesivas generaciones anhelantes de un Perú renovado.

En 1780 —cuatro años después de independizado Estados Unidos y nueve antes de la Revolución Francesa— el noble y valeroso cacique José Gabriel Túpac Amaru, directo descendiente de los Incas —antiguos emperadores del Perú— se levantó en defensa de los indios, proclamó la libertad de los esclavos negros el 16 de noviembre de 1780 y sostuvo en alto el pendón de la justicia social. Empezó sometiendo a juicio y ejecutando al corregidor de Tinta en la plaza de Tungasuca. Improvisó de inmediato bandas de hombres armados y triunfó en Sagarara, el 18 de noviembre, derrotando al ejército de los corregidores, poderosa fuerza lanzada contra él desde Cusco. En busca de hombres y armas, retrocedió hacia el sur, para después contramarchar y poner sitio al Cusco. Por falta de armas y táctica militar no pudo ocupar la ciudad imperial incaica, permaneciendo desde entonces a la defensiva. Los virreyes de Lima (Jáuregui) y Buenos Aires (Vértiz) enviaron de inmediato sendos ejércitos. Vencido por el mariscal de campo José del Valle y entregado por un traidor, fue ajusticiado en la antigua plaza de Wacaypata el 18 de mayo de 1781, junto con su esposa, hijo, familiares y fieles partidarios, mostrando ante sus verdugos un valor sin par y desconcertante serenidad. Muerto el caudillo, continuó la rebelión en el sur su primo hermano Diego Cristóbal Túpac Amaru, hasta que la astucia y traición aniquilaron tan colosal esfuerzo. En el Alto Perú, Túpac Catari encabezó la rebelión. Tras enconada lucha, fue vencido por jefes militares venidos desde Buenos Aires y sufrió análoga condena a la de Túpac Amaru. Pero aquí el inhumano suplicio fue consumado. Concomitantemente, Hispanoamérica era sacudida por un vendabal de violencia.

El precursor sacrificio de José Gabriel Túpac Amaru es punto de partida para el estudio de la independencia peruana —hito de una nueva época—, constituyendo la más famosa rebelión que tierra americana viera hasta entonces. Túpac Amaru es símbolo de justicia colectiva, de coexistencia humana creadora, y un mensaje contemporáneo apoyado en la vieja tradición histórica prehispánica.

En esta segunda edición corregida, se utilizan, por primera vez, legajos todavía inéditos del Archivo General de Indias, del Archivo Nacional de Lima, de Archivos regionales y de otros repositorios indicados en la Bibliografía General. Se ha redactado una nueva Introducción, una Cronología y reelaborado muchos capítulos respecto a la situación histórica y biográfica del prócer y añadido algunos. En la parte concerniente a las "Reclamaciones Pacíficas", señálase la actuación de Túpac Amaru en Lima y su contacto con el grupo criollo renovador. Asimismo, la iniciación del movimiento adjunta aportes nuevos que aclaran la confusa situación inicial. En cuanto al proceso del movimiento y la final decisión separatista del caudillo, la edición presente trae una rectificación crítica que modifica la interpretación final.

Lima, 19 de marzo de 1965.

CRONOLOGÍA

1740 o 1741-III-19	nace en el pueblo de Surimana José Gabriel Túpac Amaru.
1741 -X- 11	funerales en Surimana de doña Rosa Noguera, de 30 años, esposa de don Miguel Condorcamki y del Camino Túpac Amaru, dejando dos hijos: Clemente y José Gabriel.
1750 -IV- 30	entierro de don Miguel Túpac Amaru en la iglesia de Surimana, casado en segundas nupcias con doña Ventura Monjarras. Dejó cuatro hijos: dos de su primer matrimonio, uno de su segundo matrimonio y uno todavía no identificado.
1760 -V- 25	matrimonio de José Gabriel Túpac Amaru con doña Micaela Bastidas Puyucawa, nacida en Pampamarca, casados por el párroco Antonio López de Sosa en Surimana.
1762 -IX- 17	nace en Tungasuca Mariano Túpac Amaru, hijo segundo del prócer, siendo su padrino el cura de Pampamarca A. López de Sosa. (No se ha encontrado la partida de nacimiento de Hipólito, nacido en 1761, hijo mayor de Túpac Amaru.)
1768 -V- 31	nace Fernando Túpac Amaru, hijo menor del prócer, bautizado por el cura A. López de Sosa en la iglesia de Pampamarca el 3-IV-1769.
1776 -	Túpac Amaru viaja a Lima.

1776	-XI- 26	Antonio Juan de Arriaga es nombrado corregidor de Tinta.
1777	-VII- 22, -XII- 18	Túpac Amaru presenta recursos ante la Real Audiencia de Lima.
1778		retorna al Cusco.
1780	-X- 2	Túpac Amaru intenta levantarse, pero desiste.
1780	-XI- 4 (sábado)	Túpac Amaru da su grito de rebelión y apresa al corregidor Arriaga.
1780	-XI- 10 (viernes)	el corregidor Arriaga es ejecutado en la plaza de Tungasuca.
1780	-XI- 12	llegan noticias de la rebelión al Cusco, y su corregidor Fernando Inclán Valdez adopta medidas defensivas, mientras las provincias comienzan a recibir los *Bandos* de Túpac Amaru.
1780	-XI- 16 (jueves)	Túpac Amaru expide su famoso Bando antiesclavista, el primero en la historia del Perú, dando la libertad a los Esclavos, desde el anexo del Señor de Tungasuca. (Cosa igual harían San Martín, en 1820 y Castilla en 1854.)
1780	-XI- 17	muere en la prisión el cacique Bernardo Pumayalli Tambo wacso.
1780	-XI- 18 (sábado)	Victoria de Sangarara sobre el ejército, de los Corregidores.
1780	-XI- 24	el virrey Agustín de Jáuregui, en Lima, recibe noticias sobre la rebelión de Túpac Amaru.
1780	-XI- 28	el virrey Jáuregui envía al Cusco tropas, mandadas por el coronel Gabriel de Avilés.
1780	-XII- 7	Túpac Amaru pasa La Raya e invade territorio de la jurisdicción del virreinato de Buenos Aires.

1780 -XII- 9	Túpac Amaru entra en Lampa ante la huida del ejército de los corregidores del sur.
1780 -XII- 14	sale de Lima el ejército pacificador al mando del mariscal de Campo José del Valle, acompañado por el visitador José Antonio de Areche como representante del virrey Jáuregui y llevando al oidor Benito de la Matalinares. La Audiencia de Charcas da cuenta al rey de la sublevación de Tinta.
1780 -XII- 18	fallece en la prisión José Gran Kispe Tito.
1780 -XII- 20	Túpac Amaru ordena la marcha contra el Cusco.
1781 -I- 1	llega Avilés al Cusco con los auxilios bélicos de Lima.
1781 -I- 2	Túpac Amaru comienza el cerco del Cusco.
1781 -I- 3	pasa por Ica el ejército del virrey.
1781 -I- 4	ataque al Cusco por la quebrada de Cayra.
1781 -I- 6	ataque por el cerro Pukin.
1781 -1- 8	principal ataque por Picchu.
1781 -I- 9	Tomás Catari es muerto por los hombres del corregidor Manuel Álvarez Villarroel.
1781 -1- 10	retirada de Túpac Amaru.
1781 -II- 17	el corregidor de Puno, Orellana, vence en Manachilli a las fuerzas de los caciques rebeldes.

1781	-II- 25	llegan al Cusco las tropas de Lima.
1781	-III- 4	parte la Quinta columna contra Túpac Amaru, saliendo las otras columnas en fechas diversas hasta el día 11.
1781	-III- 5	carta de Túpac Amaru al visitador Areche, contestada el 12.
1781	-IV- 6 (viernes)	Túpac Amaru es capturado por su subordinado, el traidor mestizo Francisco Santa Cruz en el pueblo de Langui y entregado a los realistas.
1781	-IV- 12	Diego Cristóbal Túpac Amaru, caudillo sucesor de Túpac Amaru, es derrotado en el combate de Layo.
1781	-IV- 4 (sábado)	Túpac Amaru, cargado de cadenas, entra en la ciudad del Cusco.
1781	-V- 15	se pronuncia la sentencia contra Túpac Amaru y sus partidarios.
1781	-V- 18	suplicio de José Gabriel Túpac Amaru en la plaza cusqueña del Wacaypata, junto con su esposa, hijos y principales partidarios.
1781	-V- 26	Puno es abandonado por los realistas y por sus pobladores.
1781	-VII- 18	nueva ejecución de los partidarios de Túpac Amaru.
1781	-XI- 13	Túpac Catari muere despedazado por cuatro caballos.
1782	-I- 10	Del Valle sale del Cusco con la segunda expedición pacificadora.
1782	-I- 26	Diego Cristóbal entra en Sicuani para firmar el armisticio.

1782	-IX- 4	fallece en el Cusco el mariscal de campo José del Valle, vencedor de Túpac Amaru.
1783	-VII- 7	ejecutan a Felipe Velasco Túpac Inca Yupanki, jefe de la rebelión de Huarochirí.
1783	-VII- 19	"atenaceado" muere Diego Cristóbal Túpac Amaru en la plaza del Cusco.
1783	-X- 6	salen los prisioneros con rumbo a Lima por la vía de Huamanga.
1783	-X- 19	en el pueblo de Tambillo, camino a Lima, fallece doña Ventura Monjarras, madre de Juan Bautista Túpac Amaru.
1783	-XI- 28	entran en Lima los prisioneros desterrados del Cusco.
1784	-VII- 27	muere en Río de Janeiro Mariano Túpac Amaru, hijo segundo del prócer, cuando navegaba desterrado a España en el navío "El Peruano".
1785	-II- 2	naufraga en Peniche (Portugal) el navío "San Pedro Alcántara", ahogándose Andrés Mendigure y salvando Fernando Túpac Amaru, hijo menor del prócer.
1787	-V- 3	se crea, por Real Cédula, la Audiencia del Cusco.
1822	-VIII- 3	después de más de 40 años de destierro retorna a América Juan Bautista Túpac Amaru, medio hermano del prócer.
1825	-V- 15	Juan Bautista Túpac Amaru escribe, desde Buenos Aires, al libertador Simón Bolívar.
1827	-IX- 2	fallece en Buenos Aires Juan Bautista Túpac Amaru.

I. PERÚ EN EL SIGLO XVIII

EL VIRREINATO del Perú —quizá por su alejamiento— sufre en el siglo XVIII una tardía transformación con el cambio de dinastía y el impacto cultural francés a partir de Felipe V. Hasta el año 1780 pueden considerarse dos etapas en su proceso histórico: *a*) de absolutismo tradicional afrancesado (1700-1761), que comprende desde el gobierno del virrey marqués de Castell-des-rius hasta Amat, y *b*) de absolutismo 'ilustrado" (1761-1780), caracterizado por una política de renovación que se intensifica y modifica en el lapso del procriollo virrey Guirior.

Inicialmente coexisten en el siglo XVIII un desconcierto y adhesión en sordina hacia la tradicional dinastía austriaca, patente en algunos conatos hispanoamericanos y un claro desafecto pacífico entre nuestros criollos, génesis de una política que, al madurar, conducirán en la centuria posterior a la independencia. Contrarresta esta situación un programa de afrancesamiento, alimentado desde círculos privados de difusión cultural.

Uno de los principales problemas es el económico, la lucha contra el contrabando y diversos manejos ilícitos en detrimento de la economía y administración públicas. Por otra parte, como consecuencia de la creciente competencia de otras potencias coloniales y los deseos de combatir con eficacia ataques e invasiones, el colosal virreinato del Perú sufre amputaciones para su mejor administración. En esta forma, de la parte norte brotará el virreinato de Nueva Granada, definitivamente separado de la jurisdicción peruana en 1739 para defender mejor la costa antillana de endémicos ataques, y en 1776 sepárase el territorio meridional para conformar el virreinato de Buenos Aires, creación destinada tanto a combatir el peligro de la expansión lusinata cuanto a eliminar un ruinoso contrabando.

Por otra parte, las transformaciones político-culturales metropolitanas durante el gobierno de Carlos III (1759-1788) se proyectan en cierta medida en las colonias. La expulsión de los jesuitas trae consecuencias múltiples, particularmente en la educación. Por ejemplo, en Lima desaparecen los antiguos Colegios mayores de San Felipe —regentado por clérigos— y San Martín —dirigido por jesuitas— y en su lugar se funda el Convictorio de San Carlos (1771), es promulgado un nuevo Reglamento educativo y poco después surgirá un conato de reforma en la Real y Pontificia Universidad de San Marcos. La docencia y régimen pedagógico sufren un notorio retroceso, aunque casi de inmediato aparecerán nuevos educadores que inauguran un tipo de pedagogía renovada en Lima, Cusco y otras importantes ciudades virreinales. Sus principales figuras son: el jurista José Baquíjano y Carrillo, precursor "ilustrado" limeño y cabeza de la generación criolla renovadora, Toribio Rodríguez de Mendoza, eclesiástico chachapoyano y primerísima figura de nuestra historia educativa, el ariqueño Hipólito Unanue, médico ilustre que introduce la tendencia científica en la educación predominantemente teológica-jurídica, y Vicente Morales Duárez, jurista limeño y futuro vocero de los criollos en las Cortes de Cádiz —que presidió. Al lado del grupo criollo de avanzada, aparecen peninsulares progresistas que incrementan el movimiento cultural y tienen su contrapole en criollos como Pablo de Olavide, que irá a España e incrementará el grupo liberal de avanzada u otros peruanos que engrosarán las filas ultramontanas, de espaldas a toda idea de progreso. Y aunque grandemente mitigadas, llegarán los ecos de la independencia estadounidense, recogidas a través de pasajeros criollos, funcionarios peninsulares y viajeros de naciones diferentes.

La segunda mitad del siglo XVIII patentiza, históricamente, una tensión de castas con una típica posición de respeto político y protesta social. Los criollos intensifican su actitud de autoconocimiento, constituyendo un centro integrador de aspiraciones colectivas. Aparecen como defensores de indios, mestizos y pardos, distanciamiento entre criollos y peninsulares que provoca la aparición de caudillos violentos y de mentores pacíficos. Brota por entonces, lógicamente, la serie de grandes movimientos sociales, cuya culminación está en la independencia del posterior siglo XIX.

Dentro de la administración colonial juegan papel importante corregidores y caciques. Los corregidores fueron autoridades trasplantadas desde España para representar al Rey en las diversas provincias. Tenían la misión de gobernar con justicia y resolver las cuestiones civiles o criminales suscitadas entre los pobladores. Celosos del cumplimiento de la justicia real, debían extirpar abusos, remediar deficiencias, interesarse por la vida material y moral de los indios en sus pueblos (reducciones), constituyendo un freno contra el capricho y la extorsión de muchos caciques indignos. Sabias leyes impedían sus posibles abusos y especulaciones y hasta sus Tenientes sólo se nombraban con licencia del Virrey. Por último, y para mayor garantía, debían someterse a un escrupuloso Juicio de Residencia o verificación minuciosa de los actos realizados en su fenecido quinquenio administrativo. En lo económico, los corregidores recaudaban los Tributos por cuatrimestres, suma que depositaban de inmediato en las Cajas reales. Al comenzar la segunda mitad del siglo XVIII, dichos funcionarios obtuvieron ratificación oficial de algo que estaba ya sancionado por la práctica. Fernando VI ordenó que pudieran comerciar en sus respectivas provincias para beneficio y comodidad de los indios. Previa una tarifa oficial, la novísima medida parecía promisora, pues ponía al alcance de los naturales mercancías de mucha necesidad y difícil adquisición. Esta forma de comercio recibió el nombre de *Repartos.*

Los caciques eran funcionarios ya existentes en el periodo incaico bajo el nombre de Curacas. Remozados por la legislación española, sus servicios permitieron gobernar con mayor eficacia a los indios y obtener halagadores resultados para la hacienda real. Estos funcionarios menores, adaptados a la nueva máquina administrativa, tenían como principales obligaciones ayudar en la cobranza de los tributos, entregados en el término de la distancia, buscar y reunir a los indios para el servicio de la mita y otros menesteres penosos. Como compensación a su labor percibían un determinado salario, cuyo pago gravitaba sobre la economía del indio. Para evitar posibles desmanes del corregidor, estaba ordenado que la privación del cargo de cacique, por deficiencia o mala conducta, sólo se efectuaría deduciendo una sentencia judicial de la Audiencia. Era condición previa para ocupar el empleo ser indio, trasmitiéndose el cargo al primogénito en forma análoga a la del mayorazgo. Ni los mestizos ni los españoles podían ser caciques, salvo que los primeros recibieran el cargo por derecho de sangre —como aclara Solórzano—. En general, admitíase que las mujeres podían ejercer la función de cacique siempre que no fuera contrario a las normas consuetudinarias de la región. Los indios estaban obligados a cumplir determinadas tareas domésticas en favor de sus caciques, pero si eran ocupados en otro tipo de faenas la ley mandaba pagarles salario. Los descendientes con derecho de sucesión al cacicazgo se educaron en centros especiales, llamados Colegios de Caciques, fundados en Lima (colegio del Príncipe) y el Cusco (Colegio de San Francisco de Borja) a principios del siglo XVII.

Existieron corregidores y caciques que fueron ejemplo de honestidad administrativa, aunque en una minoría alarmante. A pesar de encontrarse teóricamente escudados por defensores legales, los indios sufrieron la extorsión de aquellos funcionarios debido a la codicia, al descuido o a una descarada complicidad. No es arbitraria la frase del cronista Waman Poma de Ayala cuando señala como principales enemigos del indio: al corregidor, al cura y al cacique.

El cargo de corregidor se ponía con frecuencia en pública subasta para ayudar al tesoro real y financiar sus endémicas guerras. Esto explica por qué miraban el cargo como una función comercial. Con gran diligencia buscaban la manera adecuada de obtener el rápido reembolso de sus gastos y simultáneas ganancias usurarias, siempre a cubierto de toda sanción justiciera. Los peninsulares Ulloa y Juan censuran en forma explícita tan peligrosísimo fomento de la inmoralidad administrativa, opinión justa desde los puntos de vista ético y legal, pues los corregidores adquirieron jurisdicción sobre los indios para contrarrestar el abuso de los caciques —como se expresa en la Recopilación de 1680. Pero en lugar de escudarlos trocáronse en cabezas de una fructífera componenda, y lo que pudo ser un dique fue convertido en vehículo de una extorsión cómoda y de mínimo riesgo. Ocasiones principales de abusos fueron la cobranza de tributos, los repartos mercantiles y otras no menos censurables.

El tributo era pagado en señal de vasallaje al lejano monarca. Los fraudes se realizaban con habilidad, aplicándose el procedimiento de utilizar listas dobles. Según el padroncillo oficial, la recaudación se había efectuado legalmente entre los indios de 18 a 50 años; sin embargo, el verdadero rol de cobranzas sólo era conocido por el corregidor. Allí estaba consignado, con sombrío recato, el dinero arrancado a las familias de los inválidos, locos y hasta difuntos que dejaban sobre sus familias la carga de un pago póstumo. Y en flagrante contradicción a lo ordenado por la ley, tributaban los menores y los ancianos. Ahora bien, como los indios casi siempre perdían sus comprobantes de pagos, eran obligados a repetirlos no ya para el Estado sino para los corregidores y sus serviles cómplices los caciques.

Benéficos en principio, los repartos se tornaron en la más irritante explotación. Los corregidores obtenían subidas ganancias personales y burlaban los pagos fiscales con olvido de su juramento de fidelidad. En una palabra, extorsionaban a los indios y traicionaban al monarca en su afán de obtener ganancias personales. Para sus repartos adquirían mercaderías ordinarias, averiadas o de escasa demanda y al visitar su jurisdicción las distribuían de manera arbitraria. Era tragicómico contemplar a indios dueños de una vista excepcional adquirir a precios exorbitantes un par de anteojos; a otros, sucios y harapientos, tomar entre sus manos un fino paño de terciopelo o prendas de seda en trance de deterioro. Cuando el indio no podía abonar puntualmente sus deudas, la familia del moroso o a veces del fugitivo sufrían represalias monstruosas; y si se pagaban las deudas en breve plazo, el corregidor repetía el negocio so pretexto de que la pronta cancelación significaba una necesidad urgente de readquirir aquellas mercancías. Estos cínicos malabarismos hicieron que los deudores, por explicable espíritu de defensa, pagasen con calculada morosidad. Como el corregidor repartía más de la cuota permitida legalmente, el exceso eludía el pago de contribuciones a la real hacienda y convertía al funcionario en delincuente. Son enérgicos en grado sumo y muy elocuentes los reproches, por ejemplo, de los virreyes Amat y Guirior.

Con mucha frecuencia los caciques ayudaron a sus corregidores o extorsionaron a los indios por cuenta propia, sin reparar en consideraciones raciales, religiosas o de dignidad personal, dominados por la codicia de poseer las migajas del corregidor al amparo de toda sanción. Los naturales soportaron con cierta resignación estas arbitrariedades cuando provenían de indios principales y nobles, pero cuando los caciques fueron mestizos o hasta peninsulares la repulsa fue visible, adquiriendo estas reacciones un tinte de violencia inusitada.

Corregidores y caciques, mancomunadamente fusionados en lo ilícito, abrumaron económicamente a los indios que constituían la fuerza de trabajo por excelencia de la época virreinal. Tan exagerada explotación condujo a un progresivo decaimiento del sistema colonial. Los primeros que iban a sentir los efectos de una lógica reacción serían precisamente aquellos funcionarios. Sin embargo, hubo un grupo de caciques ejemplarmente responsables, de cuyo seno brotaría la señera rebelión cusqueña de 1780, dirigida por Túpac Amaru, cacique de Pampamarca, Tungasuca y Surimana, terror de corregidores y recaudadores reales, antiesclavista y precursor de la independencia.

Bibliografía

Aquí se ha tenido en cuenta, aparte del suscrito, los trabajos historiográficos y ensayos sobre el periodo colonial, particularmente aquellos que se refieren al lapso borbónico, de S. Lorente, M. González de la Rosa, C. Wiesse, J. de la Riva Agüero, C. A. Romero, V. A. Belaunde, J. C. Mariátegui, R. Vargas Ugarte, L. E. Valcárcel, J. Vasandre, L. A. Sánchez, E. Romero, R. Porras

Barrenechea, G. Lehmann Villena, A. Santibáñez, J. de la Puente Candame, E. Dúbar Temple, H. Villanueva Urteaga, V. Ugarte del Pino, C. Pacheco Vélez, J. Durand, F. Álvarez Brun, M. Maticerena Estrada, W. Espinoza, G. Vergara Arias, C. Deustua Pimentel, C. Araníbar, Sara H. de Cineres, L. del Buste, etc. Para una información más completa, pueden ser utilizados los repertorios de M. F. Paz Seldán, J. T. Medina y otros conocidos autores ya citados. En cuanto a las Colecciones de Revistas, puede verse el rol de la Bibliografía general referente a Hemeroteca.

II. SUCESOS PRECURSORES

DESDE la invasión y conquista hispánica del siglo XVI, hubo frecuentes levantamientos indígenas en el Perú colonial. El heroico Manco II encabezó la guerra de reconquista, levantó el pendón de la libertad. Como crónicas y documentos testifican, el bando indígena tuvo numerosas victorias pero perdió la guerra. Vilcabamba fue el último reducto de la orgullosa nobleza imperial incaica hasta 1572, año en que fue ejecutado el último inca, Túpac Amaru, y se extinguió la legítima dinastía de los Hunan-Cusco, según señala Garcilaso. Posteriormente, cuando indios, mestizos y criollos son cabeza de diversos levantamientos, aparece una línea histórica sugerente y poco estudiada.

En la tradicional versión del "tranquilo" siglo XVII, omítense numerosas conjuraciones indígenas menores, inclusive en Lima. Pretendían sus jefes expulsar de manera violenta a los españoles y obtener una posterior ayuda de Inglaterra, aspecto éste que aparece como una constante esperanza de los conspiradores. Pero las grandes rebeliones aparecen tardíamente en el siglo XVIII, constituyendo un anticipo de la independencia.

Siguen un camino de Oriente a Occidente, de la selva a la sierra, con repercusiones en la costa. Sus principales caudillos son: Ignacio Torote (1737), Juan Santos Atawalpa (1742), Antonio Cabo, Miguel Suríchac y Francisco Inca (1750), José Gran Kispe Tito Inga (1777), Tomás Catari y sus hermanos (1778), Lorenzo Farfán de los Godos y el cacique Bernardo Pumayalli Tambowacso (1780), y las anónimas y tumultuarias en diversas provincias cuyo ejemplo típico ocurrió en Arequipa. El ápice de todas es la rebelión de Túpac Amaru.

El levantamiento de Ignacio Torote, curaca de Catalipango, brota en tierra de misiones franciscanas, siendo las márgenes del Perené y el Gran Pajonal los territorios más afectados. La sorda resistencia de los selvícolas a las formas de vida impuestas por los frailes se hizo patente en 1737, constituyendo el antecedente del formidable levantamiento de Juan Santos Atawalpa.

Con astucia y muchísima cautela, Torote preparó el levantamiento. Su hueste era un núcleo incondicional, dispuesto a seguirlo sin vacilaciones. Comenzó por atacar e incendiar su pueblo. Cosa igual hizo en el importante pueblo de Sonomoro, retirándose al interior de la selva con el botín adquirido en ambas acciones. Alarmado el virrey Marqués de Villagarcía (1736-1745), nombró gobernadores de frontera en Tarma y Jauja a Pedro Milla y Benito Troncoso, respectivamente. La "entrada" que se preparó con minuciosidad, terminó por fracasar ante las dificultades del medio y la astucia del curaca rebelde.

Torote burló la persecución. Como medida defensiva se mandó un fuerte en el pueblo de Sonomoro. El año 1738 Torote fugó al interior de la selva, mientras se fundaban nuevos pueblos y se abrigaba la esperanza de una definitiva cristianización de las tribus selvícolas.

Una violenta rebelión sacudió la selva el año 1742, cuando las conversiones de Tarma y Jauja estaban florecientes y parecía consolidarse la penetración de misioneros y soldados del virrey. El caudillo de la rebelión era Juan Santos Atawalpa Apu Inca —como gustó denominarse—, hombre de más o menos 30 años, estatura "más que mediana, color pálido amestizado, fornido de miembros, el pelo cortado al modo de los indios de Quito, la barba con algún bozo y su vestido una cushma pintada", ostentando sobre el pecho un crucifijo, como lo describe un testigo contemporáneo. Parece haber sido originario de Cajamarca o Amazonas. Pupilo de los jesuitas, estuvo en Europa y África. Disciplinado en sus costumbres, como jefe era muy imperioso. Hablaba latín y kechua y aprendió rápidamente los dialectos de la selva. Los rumores sobre sus contactos previos con ingleses descubren una curiosa coincidencia, si recordamos que el vicealmirante Jorge Anson apareció en nuestras costas al comandar la rebelión.

Santos Atawalpa penetró por Huanta y, con ayuda del curaca simirinche Bisabeki, avanzó hasta el Gran Pajonal. A mediados de 1742 estaba en Kisopango, cuyo curaca Mateo Santabangori se convirtió en un exaltado partidario suyo. Aquí comenzó su empresa bélica. Se declaró legítimo descendiente del Inca Atawalpa, manifestó tener poderes especiales contra los blancos, las enfermedades y la muerte y prometió dar fin a la odiada servidumbre en que vivía gran parte de las tribus. Excluyó de su bando a blancos y negros por revoltosos. Partidario de que los indios tuviesen sacerdotes de su misma raza, permitió la evangelización de los indios. Su prédica de resistencia y guerra le trajo la adhesión de la mayoría de los curacas. Acataron su autoridad los amages, andes, conibos, campas, sipibos, simirinches y hasta los feroces piros. Respaldado por sus partidarios, Santos Atawalpa comenzó a dictar leyes, organizar la resistencia mediante la utilización del medio como uno de sus mejores aliados.

Las alarmantes noticias que llegaban a Lima, determinaron la intensificación de preparativos bélicos por parte del virrey. Previamente, los misioneros franciscanos ensayaron medidas pacíficas, de persuasión. Un fraile de la Orden seráfica entrevistó al caudillo (2-VI-1742), sin obtener resultados. Pero indirectamente los datos sobre su ubicación y otros detalles complementarios sirvieron para orientar a los realistas. El pueblo de sonomoro se convirtió en un baluarte contra los rebeldes, por la adhesión definitiva de los curacas Kintimari y Mateo Assia y del auxiliar negro Gatica, mientras el curaca Siábar pasó al bando rebelde. Definida la irreductible posición de Santos Atawalpa, los jefes realistas organizaron el plan de ataque.

Entre 1742 y 1745 los gobernadores Milla y Troncoso tomaron la ofensiva mediante un doble y simultáneo ataque, que Santos Atawalpa capeó con éxito y concluyó con un contraataque. En agosto de 1742 el virrey Marqués de Villagarcía ordenó a los gobernadores Milla y Troncoso que dirigieran sendas expediciones contra Kisopango, pasando por Kimiri y Sonomoro. Contaban con la eficaz colaboración de curacas amigos. El plan de coger a Santos Atawalpa entre dos fuegos fracasó por falta de coordinación, pues Troncoso tuvo éxito pero Milla fue derrotado. El jefe rebelde pasó a la ofensiva y logró ocupar Kimiri. Astutamente puso en libertad a los prisioneros, publicando por intermedio de ellos que su fin único era recobrar el Imperio de los Incas que le correspondía gobernar. Esparcida la noticia que Santos Atawalpa no odiaba a los indios de la sierra, brotaron espontáneas manifestaciones de adhesión hasta entonces disimuladas. Entre bebidas y bailes, pedían la venida del caudillo de la selva y amenazaban beber chicha en las calaveras de sus enemigos. Simultáneamente, los rebeldes avanzaban hasta las cercanías de Chanchamayo con el fin de dominar la región.

A fines de 1743 se enviaron nuevas tropas y armamento. Construido un fuerte en Kimiri, fue nombrado como jefe el capitán Bartuli. Pero Santos Atawalpa, que había pasado a la ofensiva, siguiendo un calculado plan, tomó el fuerte y aniquiló a su guarnición. Las tardías tropas realistas de refuerzo comprobaron la derrota. Todos los intentos de paz en 1745 fracasaron ante la astuta conducta del caudillo, indiferente ante las promesas de amnistía o calculadas entregas de herramientas.

El nuevo virrey Conde de Superunda (1745-1761) preparó un nuevo plan de ataque. Puso la dirección en manos de un oficial superior, aprovechó la experiencia de algunos jefes anteriores y organizó dos entradas con un desarrollo análogo al de su predecesor. Jefe de la expedición era el general José Llamas, ayudado por el gobernador Troncoso. Pero inició la expedición, inadecuadamente, en una época de lluvias —a comienzos de 1746—. Llamas marchó por Huancabamba y paralelamente lo hizo Troncoso. Los continuos combates y obstáculos naturales desgastaron las fuerzas realistas y concluyeron por generar la derrota. Santos Atawalpa dirigió una contraofensiva y ocupó en la sierra el pueblo de Monobamba. Para evitar mayores ataques, el virrey mandó construir dos fuertes en Chanchamayo y Oxapampa y evitó la creciente fuga de indios de la sierra al bando rebelde. Por otra parte, falsas noticias produjeron emboscadas contra los misioneros, cuyos intentos de pacificación catequística fueron ineficaces.

Este fracaso determinó un largo paréntesis, etapa en que las operaciones militares no se repitieron y el caudillo quedó en posesión de la selva. Pero el año 1750 el Conde de Superunda ordenó una nueva expedición. El general Llamas marchó por Monobamba, mientras otra expedición marchaba por la quebrada de Tarma. Común objetivo era el pueblo de Eneno, considerado como el principal reducto de Santos Atawalpa. Los realistas repitieron sus errores y el caudillo utilizó una estrategia, ya probada, que determinó un fracaso definitivo de sus enemigos.

La derrota dio fin a las expediciones del virrey.

Como consecuencia se produjo un desaliento general, la catequización prácticamente fue abandonada y los misioneros pasaron a concentrarse en Ocopa. Santos Atawalpa tomó la ofensiva en 1751. Los indios fieles abandonaron Sonomoro y pasaron a Andamarca, pero los rebeldes avanzaron y ocuparon por breve lapso la población, acabando por retirarse ante la agresión climática. Desde entonces el jefe rebelde reinó en la selva, aunque sin poder salir de sus límites ni ser atacado. Las noticias posteriores sobre su persona son muy escasas y vagas. Se dice que murió en el pueblo de Metraro a manos de un curaca rival, quien lo hirió sorpresivamente para probar que no era inmortal. Pero los indios quedaron esperando su retorno, para reiniciar la guerra, vencer a sus enemigos y dominar el mundo.

El año 1750 —todavía insurreccionada la selva— fue descubierta en Lima una peligrosa conspiración indígena, cuya etapa complementaria se desarrolló en Huarochirí. Parece un movimiento distinto, aunque constituye una repercusión del levantamiento de Santos Atawalpa.

El virrey recibió aviso de un eclesiástico sobre la preparación de un levantamiento destinado a desarmar a las tropas realistas, matar a los españoles y apoderarse de Lima para transformrla en capital del restaurado Imperio de los Incas. Verificada la alarmante denuncia, se encargó de las averiguaciones al oidor criollo Pedro José Bravo de Castilla, ayudado por un negro liberto que servía de espía.

Promotor de la rebelión era el indio Antonio Cabo, bajo cuya apariencia de ferviente católico se "ocultaba mortal odio y aversión a los españoles". Lo secundaba un decidido grupo entre los que se contaba a Francisco Inca, Miguel Suríchac y Pedro

Santos. Antes de levantarse, intentaron por dos veces elevar representaciones ante el rey. Fray Calixto de San José, su agente, fue encerrado en un convento de Granada con prohibición de retornar al Perú.

Los conjurados se reunían en el paraje llamado El Hornillo. Como general de las fuerzas fue elegido Suríchac, cuyo segundo era Santos. El comando presentaba divergencias, pues mientras éste sostenía la necesidad de organizar suficientemente el golpe, aquél insistía en dar de inmediato el grito. Una Junta de 12 miembros fue creada para gobernar en los momentos iniciales. Para reunir adeptos en forma sigilosa, cada conjurado se comprometía a aportar un pequeño número de hombres, excepto Francisco Inca por tener su gente de Huarochirí. La proclama fue escrita por Ayala y se trazó un mapa de Lima señalando el lugar donde serían colocados los soldados, las piezas de artillería y otros detalles. Cinco días antes se acordó que la fecha del levantamiento sería el 29 de junio, día del arcángel San Miguel. Pero delatado el movimiento y apresados los comprometidos, fueron ejecutados Suríchac, Loredo, Wallpa Mayta, Cabo y Reyes (22-VII-1750). Ayala y Francisco Inca lograron huir.

Éste pasó a Huarochirí y logró convertir a su suegro en un fervoroso partidario. A través de emisarios, Francisco Inca organizó un plan general para la rebelión. Con el fin de ponerse a salvo de cualquier peligro decidió residir en las alturas, bajando furtivamente a los pueblos cuando era muy necesario. Con golpe sorpresivo se apoderó de la población capital, Huarochirí (25-VII-1750), capturó al odiado corregidor Villa de Moros y "le comieron la lengua y bebieron chicha en su cráneo", ejecutando otros excesos con sus principales colaboradores. Francisco Inca ordenó cortar los puentes, apoderarse del ganado, bienes y dinero de los peninsulares y apostó a sus hombres en lugares estratégicos. Papeles sediciosos fueron enviados a todas las poblaciones de la provincia dando cuenta de la victoria de los rebeldes y exhortando a la adhesión.

Para contrarrestar los progresos del levantamiento, el virrey Conde de Superunda remitió tropas al mando del Marqués de Monterrico. Cuando todo hacía prever una lucha cruenta, la traición cambió el curso de los acontecimientos. Los indios fieles de Langa atacaron por sorpresa a un importante grupo rebelde y enviaron sus prisioneros a Lima. Las tropas del virrey, no encontrando resistencia, publicaron un indulto exceptuando a los cabecillas, y con gente del asiento minero de Yauli y de la región de Tarma formaron e improvisaron un ejército que engrosó sus filas. De Langa a Huarochirí avanzaron cometiendo toda clase de represalias.

Francisco Inca fue condenado a muerte, junto con sus principales colaboradores. Se cortó las manos a los muertos "para que, al verlas, se acorte la de los atrevimientos", exagerándose las crueldades para aterrorizar a los indios. Simultáneamente, el oidor Bravo de Castilla y el Marqués de Monterrico, ambos criollos, recibieron ascensos y honores. El fugitivo Pedro Santos fue capturado en Saña y ejecutado. La política de terror que siguió produjo la huída masiva de los indios. Por ejemplo, el cacique de Sune, Juan Cajawaman, condujo todo su ayllu hasta Andahuaylas. Posteriores averiguaciones probaron que los rebeldes de Lima y Huarochirí pretendían unirse a Santos Atawalpa en caso que éste derrotase en la sierra a las tropas del virrey.

Desde 1776 aparece la figura inédita y algo extraña de José Gran Kispe Tito Inga, cuyas actividades se hacen ostensibles al finalizar el año siguiente. Las primeras noticias sobre su persona están dadas por el maestro de campo Francisco de Laysequilla (21-XII-1777), al recibir éste un alarmante aviso del pueblo de Maras. Se supo que un indio forastero había repartido cartas en diversos pueblos, firmadas todas por Gran Kispe Tito. Estaban especialmente dirigidas a personajes indios y mestizos, tanto de Maras como de Urubamba y Huayllabamba.

Con sagacidad explotaba la popular creencia que el año de los *tres sietes* "se havía de coronar un Rey Inca", favorable época que sería reconocible por multitud de alborotos e insurrecciones de indios contra sus corregidores. En sus cartas alentaba la realización de un gran levantamiento de indios en las provincias del Cusco, cuyo ejemplo determinaría una cadena de pronunciamientos favorables desde el Kollao hasta Quito, con el fin de formar un Imperio igual al de los incas. Gran Kispe Tito aspiraba a "coronarse por Rey", para cuya finalidad pedía soldados y dinero a los principales personajes indígenas. Exhortaba a iniciar una guerra de exterminio contra los pucacuncas o españoles, contando con armas que recogería del antiguo edificio que ocuparon los jesuitas y otras sacadas de Maras. Adoptando decididas actitudes de fuerza, ordenaba cortar el puente del río Apurímac. Porque había llegado el momento profetizado por Santa Rosa de Lima, cuando el puente se rompería para que no llegasen al Cusco los soldados enemigos que mandaría el virrey.

Apresado secretamente y sometido a tormento, José Gran Kispe Tito Inga confesó el móvil de su intento subversivo. Agregó haber oído que de Quito llegaría un indio a coronarse. Él se oponía por tratarse de un descendiente del ilegítimo Atawalpa, cuyas pretensiones iban en detrimento suyo, como directo descendiente de la legítima rama de Wayna Cápac. En su mensaje recordaba haber guerra contra los ingleses. Las autoridades lo mantuvieron preso durante tres años. El Corregidor del Cusco, Fernando Inclán Valdez, certificó (18-XII-1780) que Gran Kispe Tito murió a causa de haber comido "harina de sebada por hambre".

Desde 1776 los hermanos Tomás, Dámaso y Nicolás Catari provocaron ininterrumpidos alborotos en las provincias altoperuanas, como protesta contra los abusos cometidos por las autoridades de Chayanta.

El corregidor peninsular Joaquín de Alós tenía como ayudante al abusivo mestizo Blas Bernal. Éste, con el fin de atemorizar al cacique Tomás Catari, le impuso pena de azotes, hecho que determinó su viaje a pie hasta Buenos Aires. El virrey Vértiz escuchó sus quejas y le prometió justicia. A su regreso, el corregidor Alós lo arrestó. Pero actuando con rapidez y decisión, sus amigos y partidarios lograron libertarlo. Insistió el corregidor y lo apresó por segunda vez. A mediados de 1780 sus hermanos intentaron nuevamente sacarlo de la prisión. Aprovechando que Alós estaba en el pueblo de Pocoata, se levantaron y lo detuvieron, proponiendo un canje con Tomás. Como éste no era puesto en libertad, determinaron ejecutar al corregidor. Sin embargo, esto demoró porque los indios de Macha y los de Pocoata querían ajusticiarlo en sus respectivos pueblos. Por fin, se decidió efectuarlo en una zona limítrofe. Entretanto Tomás Catari había sido libertado y cumplía con su promesa de conducir a lugar seguro al corregidor. Éste huyó disfrazado de monje hasta Tucumán. Allí se enroló en el ejército organizado para combatir a los rebeldes.

Tomás Catari se reencargó de su cacicazgo y comenzó a gobernar con rectitud ejemplar. Sus principales esfuerzos estaban encaminados a extinguir la Mita y los Repartos Mercantiles. Con juego astuto aparentaba obedecer a las autoridades, mientras en realidad atizaba la rebelión en diferentes poblaciones. Por entonces parece haber estado en contacto con caciques de las provincias peruanas, y enviado una representación al rey Carlos III quejándose de la arbitrariedad de las autoridades y su inobservancia de las leyes y de las injustas prisiones sufridas. Blas Túpac Amaru, de Oruro, estuvo en España y presentó quejas de los abusos que las autoridades cometían. Esta campaña alarmó al corregidor y determinó un nuevo arresto de Tomás Catari. Enviado prisionero de un pueblo a otro, fue asesinado (9-I-1781) para evitar que sus partidarios lo pusieran nuevamente en libertad. Poco después sus hermanos eran traicionados. Entregados a las autoridades, sufrieron la pena de muerte. Un eclesiástico comprometido, Gregorio José de Merlós, fue absuelto por el virrey de Buenos Aires.

El Cusco fue teatro de varios conatos y levantamientos locales, antes de la gran rebelión de Tinta. Uno de los principales fue el conato del criollo Lorenzo Farfán de los Godos y su principal colaborador el cacique de Písac, Bernardo Pumayalli Tambowacso.

Farfán de los Godos —hijo de un antiguo y linajudo regidor— encabezó un conato rebelde, bautizado como "la conjuración de los plateros", porque gran parte de los comprometidos pertenecían a este gremio, aunque también había gremios como el de los escribanos y algunos caciques indígenas.

Principal finalidad de la conjuración era oponer resistencia al pago de nuevos impuestos. Se hacía uso de la protesta pasada de boca en boca y de lo que pasaba en otras provincias. Por ejemplo un pasquín cusqueño, aparecido a mediados del mes de enero de 1780, decía:

¡Vítor Arequipa! ¡Vítor Arequipa!

Arequipa habló primero que el Cusco, cabeza de este reino, por no haber en ella quien oiga los clamores de los pobres; pero ya llegó el tiempo en que a porfía grites: Viva el Rey y muera el mal Gobierno y Tiranía.

Los conjurados se reunían en lugares convenidos de antemano, previo santo y seña de identificación. Las nuevas traídas por Farfán de los Godos sobre levantamientos en Arequipa, Lambayeque y Quito, animaba a los conjurados y los hacía persistir en sus propósitos. El plan consistía en formar pequeños grupos de 10 o 15 personas, hasta reunir un contingente poderoso que pasase desapercibido. El cacique Pumayalli Tambohuacso prometió alistar a la totalidad de sus indios. Parece que Farfán de los Godos logró tener cómplices en muchas provincias. Paucartambo y Tinta son un ejemplo.

Pedían que los nuevos impuestos fueran abolidos y en compensación prometían aumentar la tasa del tributo. El día de San Juan de Dios (24-VI-1780) los comprometidos se reunirían en unos alfalfares de los conjurados para deliberar. La consigna era "quando oygan repicar saldrán". El plan prometía éxito, pero una delación recibida por el corregidor del Cusco, Fernando Inclán Valdez, permitió conocer los detalles del complot y efectuar sorpresivos arrestos poco antes de estallar el levantamiento. Sin embargo, el cacique Pumayalli Tambowacso logró escapar. En esta ocasión el obispo criollo del Cusco, Juan Manuel de Moscoso y Peralta, consideró exageradas las penas y rechazó acusaciones sobre complicidad del clero hecha por funcionarios de conducta poco recomendable. Además, las ejecuciones realizadas dieron lugar a una sentida manifestación de duelo del obispo.

Entretanto el cacique Pumayalli Tambowacso fugó a las alturas de Písac, permaneciendo allí protegido por sus indios. Por algunos meses llevó una existencia matizada de sobresaltos. Parece que pensaba bajar al pueblo de Taray, cuando fue arrestado por el cacique Unzueta Hermoza. Pretendió escapar y acogerse al asilo de la iglesia, pero fue capturado y enviado a prisión. El fiscal del Cusco pidió la pena de muerte para el cacique, mientras su abogado reclamó por su condición de asilado. Pasado el asunto a Lima, tuvo como defensor al prócer Baquíjano y Carrillo. La causa se tornaba favorable a Pumayalli Tambowacso, cuando estalló la rebelión de Túpac Amaru en la provincia de Tinta. Y extendida la voz que éste marchaba contra el Cusco "á sacarlo de la cárcel, se determinó ahorcarlo". La sentencia se cumplió la víspera del combate de Sangarara (17-XI-1780).

Al lado de los movimientos encabezados por cierto caudillo, aparecen otros en que la masa anónima determinó los principales sucesos de protesta contra los nuevos impuestos. En la *Memoria* del virrey Guirior hay innumerables menciones de alborotos en las diversas provincias del norte, centro y sur del Perú.

Un ejemplo característico fue lo acaecido en la ciudad de Arequipa al implantarse los nuevos impuestos. De inmediato circularon numerosos pasquines de protesta contra las excesivas cargas fiscales y la mala administración del corregidor Baltazar de Semanat. Uno de los más difundidos decía:

Aduanas tenemos
con nuevas pensiones
que la sufran aquellos
que son sin calzones.

La protesta popular se apoyaba en razones económicas, mientras que brotaban multitud de quejas por los abusos de diversos corregidores. Al lado de las cargas fiscales se patentizaba una simultánea humillación personal, pues ser tributario "está aquí recibido como vileza y afrenta". Esta creciente indignación llegó incluso a hacer olvidar en Arequipa el superlativo respecto al monarca, amenazando al "Inca Casimiro III".

Existía un claro desacuerdo entre los funcionarios reales en Arequipa. Mientras el corregidor Semanat adoptaba actitudes conciliatorias, el administrador de la hacienda real extremaba sus medidas impolíticas de fuerza. No tardó en brotar la primera muestra de sedición. Aprovechando la oscuridad, un grupo llegó hasta la puerta de la oficina de impuestos (13-I-1780) y golpeó sus puertas. Esta amenaza alarmó al corregidor Semanat y determinó su convocatoria a un Cabildo Abierto. El administrador fiscal simuló condescender, pero después impuso sorpresivamente nuevas cargas económicas. La respuesta fue un ataque a la oficina de la Real Hacienda para "atemorizar al administrador y demás para que saliesen de Arequipa y se aboliese la Aduana". Pero ante la presencia de nuevos y amenazantes pasquines, se suprimieron los nuevos impuestos y se prometió cambiar al odiado administrador.

Sin embargo, la debilidad mostrada por el corregidor sirvió de incitación. El saqueo de su domicilio y un intento de asesinarlo, determinó el cambio en sus procedimientos moderados. Semanat organizó a los soldados, omitiendo a los milicianos que despertaban desconfianza. Un ataque de dos mil indios contra la ciudad fue rechazado. Para atemorizar a los comprometidos, se dictaron medidas drásticas. Como persistían amenazas de todo género y se multiplicaban los pasquines, el corregidor decidió la salida del administrador fiscal, medida que determinó el fin de la sedición. La paz de Arequipa se consolidó con la llegada de tropas enviadas desde

Lima. El sagaz virrey Guirior dio término a los alborotos, al ordenar que se suspendieran las pesquizas o, en todo caso, se hiciesen por vía reservada.

Paralelamente, las clases privilegiadas estaban contagiadas por las ideas provenientes de la Ilustración. La pugna entre ultramontanos y progresistas es característica. La mística y el escolasticismo chocan contra las corrientes sensualistas y críticas, con resultados harto desfavorables. Estas nuevas ideas penetran en el Perú a través de los criollos que retornan de Europa. La presencia de expediciones científicas y de peninsulares liberales ayuda a la corriente renovadora.

A lo largo del siglo XVIII desfilan figuras aisladas, dueñas de una tendencia por el estudio de las ciencias experimentales y de un enciclopédico deseo de cultura. Sus principales representantes formarán parte de la "Sociedad Amantes del País", cuyo famoso órgano fue el *Mercurio Peruano* (1791-1793). Desde el siglo XVII desemboca la figura del eminente polígrafo limeño Pedro Peralta y Barnuevo Rocha y Benavides (n. 26-XI-1664, m. 30-IV-1743), docto en ciencias humanas y sacras y cultivador de las bellas letras. La tendencia científica tiene otro representante en Eusebio de Llano Zapata. El interés por la ciencia es continuado, en grado eminente, por el prócer ariqueño Hipólito Unanue, prócer de nuestro momento independentista. La vocación del educador está presente, principalmente, en el clérigo chachapoyano Toribio Rodríguez de Mendoza, hombre ejemplar y preclaro forjador de la juventud que conquistó la independencia del Perú. La Universidad tiene como a uno de sus máximos representantes al jurista limeño José Baquíjano y Carrillo, cuya sorpresiva crítica en el *Elogio* al virrey Jáuregui es sintomática y pertenece al inestable año de 1780.

Otro de sus representantes es el jurista Vicente Morales Duárez. Su actitud liberal culmina cuando fue nombrado presidente de las Cortes de Cádiz. En el Cusco es necesario recordar al insigne tacneño Ignacio de Castro, rector del Colegio de San Bernardo y autor de la célebre *Relación* histórica de la ciudad del Cusco, impresa en Madrid el año 1795. Colaboran en el mejoramiento educativo y difusión de las nuevas ideas, los peninsulares fray Diego Cisneros, el obispo de Arequipa Pedro José Chávez de la Rosa, el catedrático de matemáticas y geógrafo Cosme Bueno y el obispo de Trujillo, Baltazar Jaime Martínez de Compañón, entre los principales.

La última generación del XVIII está principalmente representada por el limeño Manuel Lorenzo de Vidaurre, cuya vida constituye un aislado nexo con la de Estados Unidos; el arequipeño Francisco Xavier de Luna Pizarro y su coprovinciano Mariano José de Arce; por el limeño José de la Riva Agüero, primer presidente republicano del Perú; el huamachuquino José Sánchez Carrión, prócer por antonomasia de nuestra independencia; el ejemplar tacneño Francisco de Paula González Vigil y el eminente Ramón Castilla.

Amotinamientos y nuevas ideas llegaban con vigor inusitado desde sectores extremos, proclamando insistentes una renovación necesaria. Los criollos, aristócratas y contemplativos, pasarán lentamente al plano de la beligerancia. Los indios, cholos y mestizos, explotados en demasía, dejarán su forzada pasividad para ejecutar desmanes y encabezar conatos y rebeliones haciendo presente la fuerza de su masa. Máximo representante de la reivindicación y libertad es José Gabriel Túpac Amaru. Negros y "pardos" colaborarán, según las circunstancias, en los bandos de la opresión o de la justicia social.

Bibliografía

AGI, Audiencia de Lima, Audiencia del Cusco, Audiencia de Buenos Aires, Audiencia de Charcas.

(1) pp. 156-72, 201-57.
(4) pp. 1-235.
(9) pp. 41-70, 90-140.
(12) Col. Lorente, t. III.
(11) pp. 31-82.
(19) pp. 522-32.
(48) pp. 424-41, 452-69, 484.
AHC, pp. 14-5, 214.
(45) pp. 30-116.

Véanse las revistas siguientes: *Revista Histórica* (Lima), *Revista del Archivo Nacional* (Lima), *Revista del Archivo Histórico del Cusco.*

III. EL PERSONAJE Y EL MEDIO

> ...tenía magestad en el semblante, y su severidad natural pocas veces se explicaba con la risa. Parecía que aquella alma se hallava de continuo retirada en su propio seno... y siempre ocupada en grandes asumtos...
>
> ANÓNIMO

JOSÉ GABRIEL Condorcanki Noguera Túpac Amaru, cacique de Pampamarca, Tungasuca y Surimana, tenía un origen ilustre y simbólico. Descendía en línea recta de doña Juana Pilcowaco, hija del último inca Túpac Amaru, ajusticiado por el virrey Toledo en la plaza del Cusco el año 1572. Su genealogía estaba oficialmente reconocida por sucesivos virreyes desde 1609 y acatada por los corregidores del Cusco y Tinta.

El entronque de los Condorcanki con la más alta nobleza incaica se produjo al contraer matrimonio doña Juana con el cacique Diego Felipe Condorcanki. Cuatro generaciones se contaban al nacer José Gabriel, futuro cacique por derecho de sangre. Su mestizaje racial se produjo de inmediato en la primera generación, al casar el cacique don Blas Condorcanki con la criolla doña Francisca Torres. En consecuencia, José Gabriel tenía por línea recta femenina el apellido dinástico de *Túpac Amaru* y el apellido específico y familiar de *Condorcanki*. La preferencia en usar el primero no significó una subvaloración o premeditado olvido del segundo, sino que obedecía a razones justificatorias. Existían personas interesadas en utilizar ese apellido noble por gozar del prestigio social inherente y las correspondientes ventajas económicas. Cabe recordar que el cacicazgo de Pampamarca, Tungasuca y Surimana le correspondía por apellidarse Condorcanki, pero prefería usar el de Túpac Amaru por prestigio social e histórico.

José Gabriel nació en la provincia de Tinta, probablemente en el pueblo de Surimana —lugar de residencia de su padre, el gobernador—, el 19 de marzo de 1740 o 1741. Era hijo segundo de don Miguel Condorcanki y de doña Rosa Noguera. Su Partida de Bautismo fue sustraída por parte interesada en el juicio sobre legítima descendencia del Inca Túpac Amaru. Su madre falleció repentinamente y fue enterrada en el pueblo de Surimana (11-X-1741), a la edad de 30 años. Más tarde, al fallecer el primogénito Clemente, José Gabriel quedó como único y legítimo heredero del cacicazgo paterno. Al enviudar don Miguel, casó con doña Ventura Monjarras, criolla del pueblo de Tinta. El matrimonio tuvo un hijo, llamado Juan Bautista. Si José Gabriel fallecía o por algún motivo renunciaba al título de cacique, el título recaería sobre su medio hermano. Cuando murió don Miguel, en Surimana a los 48 años de edad, se da noticia que hay un cuarto hijo, cuyo nombre se ignora. Entre los familiares que alcanzaron destacada participación en el levantamiento de 1780, están sus primos hermanos Diego Cristóbal y doña Cecilia, madre esta última de Andrés Mendigure, uno de los más jóvenes y esforzados capitanes de la rebelión.

Cuando el niño José Gabriel quedó huérfano, desempeñaron sucesivamente el papel de tutores y caciques interinos sus tíos paterno y materno. Con el fin de dar al niño una educación esmerada, se escogió como maestros suyos a eclesiásticos que a la vez que lo instruían pudieran educarlo religiosa y moralmente. Tendría 10 años cuando ingresó en el Colegio de Caciques de San Francisco de Borja, en el Cusco. Por su aplicación y buena conducta fue muy apreciado de sus maestros. Años más tarde, estando en Lima por asuntos judiciales, su constante interés en aumentar sus conocimientos parece que lo llevó a escuchar clases de Artes en la Universidad de San Marcos. Al frisar los 20 años contrajo matrimonio (25-V-1760) con doña Micaela Bastidas Puyucawa, nacida en el pueblo de Pampamarca. De esta unión nacieron tres hijos varones: Hipólito en 1761, Mariano en 1762 y Fernando en 1768. Todos los hijos del cacique fueron bautizados por el cura Antonio López de Sosa, su compadre y padrino de Mariano. Y en el nuevo hogar, Túpac Amaru respondió al apelativo íntimo de "Chepe" y su esposa al de "Mica" o "Micaco".

Entre los viajes de negocios y el interés por conocer a los hombres, costumbres y situación general del país, pasó José Gabriel un lapso prolongado. Fue sólo a fines de 1766, pasados los 25 años, cuando comenzó a reclamar su reconocimiento oficial como cacique y pedir la ratificación de su calidad de legítimo descendiente del Inca Túpac Amaru. Además del título de cacique, como herencia recibió 70 piaras de mulas (350 animales) con las que se dedicó al transporte de mercancías, ganando el mote de "Arriero", despectivo en labios peninsulares. Es de recordar que por la provincia de Tinta pasaba el camino de la posta entre Lima y Buenos Aires, siendo una zona donde el arrieraje constituía una ocupación tradicional.

Acerca de la persona física y espiritual del caudillo, han quedado versiones directas e indirectas. Era Túpac Amaru hombre más bien alto, grueso pero "con proporción muy regular"; los ojos negrísimos, penetrantes y mayores que de ordinario entre los naturales; la nariz aguileña, barba saliente —de obstinado—, el pelo largo —signo distintivo de la nobleza autóctona— y la piel muy clara para un indio pero oscura para un peninsular. Las personas que lo trataron con mayor intimidad, hablan de su agradable fisonomía y modales. Su retrato fue pintado en 1780 por el zambo Antonio Oblitas, ex esclavo del corregidor Arriaga.

En su vestir mostraba elegancia y pulcro esmero, viviendo su familia con mucha comodidad. Se le describe llevando calzón corto, camisa bordada, chaleco "hilado de oro tejido", casaca, medias de seda blancas y zapatos que lucían grandes hebillas de oro. Sobre la casaca poníase el Uncu de lana, exhibiendo bordados de oro en fondo morado y las armas de sus antepasados. En los hombros llevaba dos hondas tejidas en seda, entrecruzadas en forma de banda, y otra que le envolvía la cintura. Completaba su indumentaria un sombrero de tres picos, con pluma al costado y en la copa una pequeña cruz de paja o Chilligua.

Sus maneras externas mostraban dignidad y cortesanía para los superiores, tanto como benevolencia y seriedad para con los subordinados. Hablaba el castellano en forma correcta y dominaba el quechua. Franco y agradable con sus amigos, era altivo ante la impertinencia de los extraños. El sobrino del corregidor Arriaga sostenía que Túpac Amaru era un indio muy orgulloso de su origen noble. Sin embargo, esta actitud nunca se transformó en pedantería ni odio racista. Si persiguió a corregidores y recaudadores de la hacienda real fue como sanción por los abusos cometidos contra los indios y otras castas no privilegiadas y sus constantes defraudaciones. Por eso las cartas y futuras proclamas del cacique estarán plenas de un deseo de integración nacional, sin distingos de castas, actitud que contrasta fuertemente con el pensamiento de sus principales capitanes y de la masa que lo sostenía. Los que trataron más de cerca a Túpac Amaru señalan la majestad de su persona y la natural severidad en sus gestos y acciones. Un interior apasionado moraba en la aparente tranquilidad externa. Retraído en sus íntimas preocupaciones e inconfesables planes de rebelión, ni confiaba sus secretos ni extendía sus relaciones más allá de lo conveniente. La actitud de protesta que adoptó jamás nubló su claro concepto de justicia. Siempre fue capaz de reconocer cuándo sus propios enemigos podían tener razón. Existen, empero, rasgos de crueldad circunstancial, comunes a los hombres de su época y de cualquier otra etapa histórica.

Su función de cacique la cumplió sin aprovecharse del cargo para lucrar con el trabajo de los indios, ni sustraer parte de las entradas provenientes de la recaudación de los tributos. De esa manera ganó fama de honradez y seriedad entre los funcionarios de la provincia de Tinta. Hasta su gran enemigo, el corregidor Arriaga, guardábale especial deferencia. Una muestra está dada por los préstamos ocasionales que hizo al cacique para ejecutar pagos de urgencia o ayudar a terceras personas muy necesitadas, préstamos que siempre devolvió con puntualidad.

En sus frecuentes viajes iba acompañado por un capellán y numerosos indios de servicio. Su entrada en los pueblos siempre era impresionante, como correspondía a un gran señor de la época. Más de una vez, al retornar de Lima u otra población, fue acompañado por un médico a quien pagaba con generosidad de magnate. Religioso por tendencia y educación, unía a ese sentimiento un gran respeto por la ley, contra cuyo escarnio protestó siempre. Conocedor de la legislación vigente, tenía en un principio el convencimiento de que las normas legales eran justas, la autoridad del monarca conveniente y la acción del clero necesaria. Esto explica que su descontento durante la primera etapa pacífica estuviera caracterizado por constantes ataques contra las malas autoridades, cuyo repelente cinismo iba en detrimento de la monarquía y de los intereses del pueblo virreinal.

En suma, tanto civiles como eclesiásticos apreciaban las maneras y virtudes del cacique Túpac Amaru, mientras los indios le tenían veneración, con visible disgusto del corregidor Arriaga y de envidiosos caciques de menor importancia. Física y espiritualmente, José Gabriel Túpac Amaru representa al mestizo serrano, tan cercano al indio, que sociológicamente aparecen confundidos. Dos actitudes se hacen presentes en su persona —como en Garcilaso Chimpuecllo—: una, de legítimo orgullo por su ascendencia familiar, usos, costumbres y lenguas y amor a los indios; otra, de sincera admiración a la cultura europea trasladada a tierras de América. Túpac Amaru no era, pues, el "último de los americanos primitivos", sino el más genuino exponente de unos hombres que, guardando su raíz indígena, sabía marchar al ritmo de la historia de su tiempo.

La provincia de Kanas y Kanchis, o Tinta —cuna de la rebelión—, fue descubierta por los españoles en la primera mitad del siglo XVI, cuando Diego de Almagro marchaba a la conquista de Chile, teniendo como acompañantes al taimado príncipe Paullu y al Wíllac Umuo, o supremo sacerdote incaico. Su jurisdicción dependía del Obispado del Cusco, erigido en 1537, cuyo primer obispo fue el célebre dominico fray Vicente Valverde.

En el periodo autóctono, las tierras de la provincia de Tinta estuvieron pobladas por dos tribus diferentes: los Kanas y los Kanchis, dueñas de una marcada diferencia colectiva. Los kanas eran soberbios y "melancólicos", gustaban siempre usar ropa de color negro o de tonos oscuros, siendo su música triste y algo pausada. Por el contrario, los kanchis poseían un genio alegre, más confiado pero menos previsor. Ambos pueblos guerreaban de manera continua, con afán de dominio y de poderosos resentimientos locales. Parece que los moradores primitivos de la región entraron en lucha contra los soldados del Tawantinsuyu desde la inicial etapa de la dinastía Huriscusco. Al subir la nueva dinastía de los Hanancusco, ambos pueblos estaban ya en favorables relaciones. Por eso, cuando el inca Viracocha reaccionó contra la pusilánime actitud de su padre Yawarwaca y se opuso valerosamente al vigoroso avance de los chancas, a su lado combatían "auxiliares canas y canchis, que eran medio collas por su mestizaje". Posteriormente pasaron a vivir en calidad de súbditos del Imperio.

En el siglo XVIII Tinta o Kanas y Kanchis era una de las 14 provincias del Obispado del Cusco, tenía una población cercana a los 20 000 habitantes, con una extensión de 30 leguas de largo por 15 de ancho. Regada por el río Wilcamayo en forma longitudinal, el Apurímac representaba la línea de separación con la provincia de Chumbivilcas al oeste. Sus límites eran: al norte con Paucartambo, al este con Carabaya, al sudeste con Lampa, al sur con Caylloma, al sudoeste con Condesuyos de Arequipa y al nordeste con Kispicanchis. Rica en los tres reinos de la naturaleza, tiene un clima sumamente frío en las alturas y templado en las quebradas. El pueblo de Combapata tenía fama de ser el "más sano de todo el Perú", con pobladores en su mayor parte longevos.

Capital de la provincia era el pueblo de Tinta. Poseía 11 curatos: 1) *Sicuani,* con su anexo *Maranganí*; 2) *San Pedro de Cacha,* con su anexo *San Pablo,* en cuya jurisdicción, "en un paraje nombrado Racche, se ve un edificio antiguo y grande, con nueve puertas, la mitad de sus paredes de piedra labrada y la otra de tierra, sobre cinco andenes de piedra que sirven como de otros tantos muros".

Dícese que sirvió en tiempo de la gentilidad de templo de Viracocha. A una cuadra de distancia hay una laguna hecha a mano con conductos de agua que la mantienen siempre en su ser. Su sitio es una montaña de piedra negra, que tendrá dos leguas de circuito, y en sus vecindades hay vestigios de una población grande, de donde hay un mineral de tierra de que se fabrican tinajas, cántaros y otras vasijas; 3) *Tinta,* capital de la provincia, con su anexo *Combapata;* 4) *Checacupe,* con su anexo *Pitumarca;* 5) *Pampamarca,* con cuatro anexos: *Tungasuca, Surimana, Pueblo Nuevo* o *Mosocllacta* y *Santuario del Señor de Tungasuca;* 6) *Yanaoca,* en cuya jurisdicción se hundió "todo un pueblo con sus habitantes" (22-I-1582); 7) *Langui,* con su anexo *Layo;* 8) *Checa,* con su anexo *Quehue;* 9) *Pichiwa,* con su anexo el asiento de *Condoroma,* rico en minas; 10) *Coporake,* y 11) *Yauri,* con sus santuarios de la Virgen de Huancani y de la Candelaria.

Al suprimirse los Corregimientos y establecerse las Intendencias (1784), Tinta o Kanas y Kanchis quedó como Partido de la Intendencia del Cusco y, finalmente, pasó a formar parte de la jurisdicción de la nueva Real Audiencia del Cusco, creada en 1787 e inaugurada al año siguiente.

Como el camino de la posta entre Lima y Buenos Aires, cuya extensión era de 1 470 leguas, pasaba por la provincia de Tinta, ésta tenía una ubicación inmejorable y era más o menos equidistante a las dos capitales. De Tinta a Lima había una distancia de 690 leguas, ruta que pasaba por Cusco, Abancay, Huamanga (Ayacucho), Huancavelica, Llancas, Lunahuaná, Chilca y Lima; mientras que de Tinta a Buenos Aires el camino tenía una extensión aproximada de 780 leguas, pasando a través de Lampa, Paucarcolla, Chucuito, Pacajes, Omasuyos, La Paz, Sicasica, Oruro, Potosí, Porco, Chichas, Jujuy, Salta, Tucumán, Santiago del Estero y Buenos Aires. A diferencia de su posterior aislamiento republicano, Kanas y Kanchis o Tinta era paso obligado del gran camino virreinal que unía el Pacífico con el Atlántico.

Bibliografía

AGI, Audiencia de Lima, Legajos 1039, 1040, 1041.
AHM, tomo 57.
APP, Lib. Bautismos de Pampamarca, Tungasuca y Surimana. Libros de Matrimonio y Defunción de dichos pueblos. Véase Bib. Gen. nº 23.

(1) pp. 11, 19-20.
(3) pp. 26, 30, 115, 121.
(8) pp. 5-59.
(23) pp. 6 *ss*.
(24) Partes I-XXI.
(57) pp. 440-2.
(55) pp. 92-115.

IV. RECLAMACIONES PACÍFICAS

La biografía de Túpac Amaru antes de su levantamiento es una de las partes menos conocidas históricamente. Para seguir las huellas del precursor existen escasos testimonios, cuyo examen permite descubrir y deducir una intensa actividad cotidiana que le permitiría adquirir un profundo conocimiento de la vida social peruana. Dedicado al comercio y transporte con sus "piaras" de mulas, no quedó limitado a un vegetar común sino que, paralelamente, litigaba por sus legítimos privilegios como descendiente de la nobleza imperial incaica y defendía a los indígenas "ordinarios", es decir, al pueblo de la provincia de Tinta. Además, cultivó relaciones con individuos de castas diversas, tanto en el plano económico como en el ideológico, en el Alto Perú y especialmente en su famosa visita a Lima, donde tuvo contacto con algunos miembros del grupo criollo "ilustrado".

El conocimiento de la legislación, favorable en la letra a los justos privilegios de la nobleza indígena y a la vida y conservación de los indios, despertó en Túpac Amaru la esperanza de alcanzar justicia en sus reclamaciones pacíficas ante las autoridades virreinales. En este continuo esfuerzo se produce una triple y progresiva desilusión del indesmayable cacique. Reclamó primero ante sus corregidores de la provincia de Tinta, que burlaron siempre el cumplimiento de la justicia local. Pasó después al Cusco, obteniendo análogo resultado. Por último, se trasladó con el propósito de litigar ante el virrey y la Real Audiencia de Lima, terminando por desengañarse de la justicia en la Corte virreinal. Tuvo la intención de viajar a España y presentar sus quejas ante el rey, pero motivos económicos y circunstanciales le impidieron cumplir sus justos deseos. Por esto, en Túpac Amaru, como en otros personajes hispanoamericanos de la época, se mantuvo una creencia en la posible justicia del rey hasta el momento final de la rebelión.

Túpac Amaru tuvo continuos choques con los corregidores de Tinta ante su exigencia sobre respeto de prerrogativas, siendo, por otra parte, muy estimado debido a su rectitud y exacto cumplimiento de sus deberes. Recibió acusaciones por la altivez de su carácter, constantes protestas y ser el promotor de algunas asonadas contra las autoridades. Por ejemplo, el corregidor Pedro Muñoz de Arjona llegó a separarlo momentáneamente de su cargo por haber azuzado un tumulto en contra suya cuando estuvo en Surimana. El incidente concluyó con la reposición del cacique. En otras ocasiones el ataque fue indirecto, proveniente de funcionarios subordinados o de enemigos personales. Su constante defensa de los indios y de sus fueros nobles están refrendados por varios documentos anteriores a 1780.

Durante un lapso de 10 años parece haber viajado por las provincias del sur y centro y de otras pertenecientes al Alto Perú. Se sabe que su hombre de confianza en Potosí fue Lucas Aparicio. Entre 1760 y 1780, con intermitentes vacíos, se descubren sus huellas en los pueblos de la provincia de Tinta, en las otras provincias del Obispado del Cusco y en Lima. Aprovechando tales ocasiones, muy cautamente, el cacique habríase puesto en estrecha comunicación con personajes civiles y eclesiásticos para inclinarlos a combatir el abuso que sufrían los indios. Es indudable que ciertos eclesiásticos, como el obispo arequipeño Juan Manuel de Moscoso y Peralta y el panameño Agustín de Gorrichátegui —prelados del Cusco—, el presbítero Ignacio de Castro, rector del Colegio de San Bernardo de dicha ciudad y distinguido representante de la cultura virreinal, ciertos miembros altamente colocados en la administración real, por ejemplo, Ventura Santelices y Venero, ex gobernador de Potosí, ayudaron directa e indirectamente a adoptar una política progresista. Desde España Santelices y Venero propició los reclamos de Blas Túpac Amaru, dando a conocer en la Corte el año 1773 una versión real de los abusos que sufrían los indios. Cuando sus gestiones tomaban un cariz favorable, el primero fallecía repentinamente mientras el segundo dejó de existir durante el viaje de regreso. Flota la insistente sospecha de un doble atentado, hecho por enemigos invisibles y poderosos. Entre los personajes dispuestos a ayudar de manera indirecta al cacique en el Cusco puede señalarse a un grupo noble autóctono y al presbítero Ignacio de Castro.

Ignacio de Castro (1732-1792) fue un clérigo nacido en Tacna y radicado de manera permanente en la ciudad del Cusco y sus provincias, cuya jurisdicción nunca abandonó. Sus contemporáneos lo consideraron como uno de los hombres más eminentes de su época por su erudición, dinamismo y responsabilidad. Teólogo, filósofo, historiador, periodista, docto en lenguas vivas y muertas, gran kechuista, jugó importante papel en el desarrollo de la educación cusqueña como eminente educador. Cuando desempeñaba el rectorado del célebre Colegio Mayor de San Bernardo el cargo de Secretario del obispo Moscoso y Peralta —desterrado más tarde como sospechoso de complicidad con los rebeldes—, Castro fue objeto de acusaciones del grupo anticriollo. Ha dejado dos obras polémicas sobre teología, redactó varios folletos para el clero cusqueño, colaboró con artículos en la famosa revista limeña *Mercurio Peruano* —vocero de la *Sociedad Amantes del País*— bajo el seudónimo de Acignio Sartoc, y redactó una mentada *Relación* histórica de la ciudad del Cusco, conmemorativa de la fundación de la novísima Audiencia del Cusco (1787), cuya edición póstuma fue dada en Madrid el año 1795, históricamente considerada como la mejor obra escrita acerca de la capital de los Incas.

El año 1772, probablemente Castro conoció en el Cusco al célebre jurista limeño José Baquíjano y Carrillo, secretario un corto lapso del obispo Gorrichátegui. Si recordamos que al año siguiente Baquíjano y Carrillo viajó a España, se puso en comunicación con el grupo ilustrado que presidía el Conde de Aranda, Campomanes y el limeño Pablo de Olavide, y estaba por retornar al Perú desde Cádiz en 1776, es muy posible que, por intermedio del eclesiástico Castro, Túpac Amaru conociera a Baquípano y Carrillo en Lima y tomase contacto con el grupo de avanzada de la Ciudad de los Reyes.

Entre los indios de Tinta era principal motivo de sufrimiento y explotación, el trabajo obligatorio que debían efectuar en la mita del lejano asiento minero de Potosí. Apoyado en la legislación vigente, el cacique de Pampamarca, Tungusuca y Surimana reclamó en Tinta y en el Cusco contra esa penosa e injusta obligación, sin esperar un fin próximo del litigio pero sí un desenlace favorable. Es importante recordar que entre los que estuvieron en el ajusticiamiento del corregidor Arriaga en Tungasuca, fue señalado el abogado Julián Capetillo, acusado como partidario decidido del cacique, en cuya biblioteca existieron libros básicos de legislación virreinal. Por otra parte, Túpac Amaru deseaba terminar ante la Audiencia de Lima el enojoso incidente creado por doña María Gertrudis de Avendaño y Betancur —representada por su esposo Vicente José García— y otros pretendidos descendientes del Inca Túpac Amaru, que le discutían su legitimidad de noble incaico.

Al viajar a Lima en 1776, el cacique dejó en el

Cusco a dos apoderados suyos. Después en Lima tuvo un Procurador y varias personas que lo ayudarían en sus gestiones judiciales. A su vez, aprovechando la estada de Túpac Amaru en la Ciudad de los Reyes, algunas comunidades indígenas lo nombraron su apoderado judicial (4-X-1776), para que representándolas en su "acción y derecho, siga prosiga, fenezca y acabe la causa que tienen pendiente", con la reserva de sustituirlo en el momento que creyesen conveniente.

Por la declaración del esclavo de color Francisco Pineda, vendedor de tamales y pasteles, se sabe que Túpac Amaru residió en la calle de la Concepción, muy conocida por su Convento de religiosas. En su habitación hacía tertulia con cusqueños y limeños de diversas castas, donde concurría más de un joven de elevada alcurnia. En la penumbra se descubre la influencia ideológica del grupo limeño aristocrático sobre Túpac Amaru, si nos atenemos a ciertas analogías de su posterior epistolario. Esto se ratifica gracias a las declaraciones de testigos durante el proceso contra los rebeldes. Uno de los que estuvieron con Túpac Amaru al comenzar el movimiento, afirma que el caudillo en Lima habló de su proyecto "con nueve personas de categoría y lo estimularon a que pasase a la execución, y no se fuese a España". Otro oyó decir a doña Micaela Bastidas que "a su marido le abrieron los ojos en Lima". Producida la rebelión y el mismo día que firmó el Bando de Libertad de los Esclavos (16-XI-1780), Túpac Amaru escribía a dos de sus principales amigos de Lima para que viajasen al Cusco porque la rebelión había comenzado.

Los contertulios discutían acerca de los odiosos repartos mercantiles y la mejor forma de suprimirlos, condenando el negocio de los corregidores por ser doblemente nocivo. La exigencia de comprar diversos objetos obligatoriamente, casi siempre deteriorados o inútiles, dejaba al indio en manos del corregidor y producía atrasos en el pago de los tributos reales, aparte de la consiguiente miseria de sus familias. Este comercio se efectuaba no obstante la prohibición oficial y el estar *de facto* parcialmente abolido en la jurisdicción de Huaylas. Por entonces, Túpac Amaru sostenía ya que, de no encontrar justicia en Lima, viajaría a España.

Dentro del heterogéneo grupo que conoció en la capital virreinal, destaca la enigmática figura de Miguel Montiel y Surco, cuya decidida inclinación por Inglaterra plantea interrogantes acerca de posibles conexiones foráneas. Montiel nació el año 1757 en el pueblo de Oropesa (Kispicanchis). Desde los 15 años comenzó a recorrer las provincias del sur, el Alto Perú y pasó a Lima. Después viajó a España y "de allí á Londres donde permaneció cerca de cinco años y de allí pasó á Francia". En 1769 retornó a Cádiz y al año siguiente partió rumbo al Callao en el navío de un peninsular amigo suyo. Conoció a Túpac Amaru en Lima cuando éste litigaba judicialmente, teniendo de inmediato un elevado concepto de su moralidad individual y solvencia económica. Esta simpatía personal se acrecentó al descubrir la similitud de opiniones históricas que compartía con el cacique noble. Ambos admiraban la grandeza del Imperio Incaico, lamentaban la vida decadente del indio virreinal, creían en su reivindicación y seguían devotamente las opiniones de Garcilaso Chimpuocllo en sus *Comentarios Reales*. Durante el posterior proceso, un testigo afirmó que Montiel se jactaba de su ascendencia noble incaica y llegó a sostener que los españoles invadieron y conquistaron de manera ilegal el Perú. En consecuencia, debían ser arrojados, y "si no bastaban los Yndios se auxiliarían de los Yngleses que tenían mejor Govierno".

Otros de los amigos y simpatizantes de Túpac

Amaru fue el cusqueño Mariano Barreda, escribiente de profesión. Conoció al cacique en el Cusco y lo acompañó "á la cancha de Bolas que está al pié del Serro que llaman el rodadero", más o menos por la época en que Túpac Amaru preparaba su viaje a Lima. Posteriormente recibió poder para litigar en la Audiencia y sostuvo correspondencia con los apoderados que Túpac Amaru dejó en el Cusco. Diversas declaraciones ratifican lo anterior. Merece citarse, además, la misteriosa figura del eclesiástico cusqueño Vicente Centeno, radicado en Lima y muerto en noviembre de 1780, quien escribió más de una vez al cacique. Parece haber sido una importante figura, presunto eslabón entre Túpac Amaru y el grupo cusqueño y nobles criollos como el Marqués de Montemira, el Conde del Villar y otros altos funcionarios de la administración judicial.

Túpac Amaru comenzó sus trámites ante la Real Audiencia con algún retardo, quizás por motivos de salud. Existe un recurso (23-VII-1777), donde solicita que los indios de Tinta sean exonerados de servir en la mita de Potosí. Expondría como argumentos: la alarmante disminución de los indios, una excesiva desproporción entre los habitantes de la provincia de Tinta y el número de sus Mitayos, la inobservancia del pago de "leguaje" o gastos para el camino, el estar los indios de esa provincia fuera de toda jurisdicción respecto a Potosí y el abusivo alquiler de Mitayos en favor de traficantes inescrupulosos. Añadía conceptos sobre la urgencia de proteger la vida de los indios, cuya paulatina desaparición conspiraba contra los intereses de la monarquía. Como un ejemplo, denunció el abuso de las autoridades de Potosí contra su tío Marcos Túpac Amaru, despojado de las bestias con que trabajaba a pesar de prohibirlo la ley. Constantes citas de la legislación vigente, descubren la intervención de un docto jurista.

Ante este escrito, el Fiscal solicitó informe para saber si el número de Mitayos asignado a Tinta era conforme a ley. La respuesta fue equívoca. De un lado, fundamentaba el actual laboreo minero de Potosí en una antigua costumbre incaica. Aunque de otro lado reconocía la justicia de los argumentos de Túpac Amaru y censuraba la codicia de los mineros, cuya consecuencia era una creciente mortandad de la población indígena utilizada en las minas. Con esta respuesta y atendiendo a que todo trabajo relacionado al laboreo de Potosí acarreaba graves responsabilidades, el Fiscal consideró que el caso debía pasar a examen del visitador Areche. La respuesta de éste (25-IX-1777), constituye un ejemplo de argucia circunstancial. Reconoce la verdad del razonamiento del suplicante, censura la forma ilegal en que la mita de minas se desarrolla, desliza la opinión de que los defensores del indio buscan siempre su lucro personal, pero declara nulo lo que Túpac Amaru solicita por no haber probado plenamente su personería. Por otra parte, censura el pretendido derecho del reclamante a expresar determinadas razones respecto al trabajo de Potosí, asunto que correspondía exclusivamente a su Gobernador y a las altas autoridades virreinales. Concluye ordenando que el cacique retorne a su lugar de origen y espere allí el dictamen definitivo.

A pesar de tan desalentadora respuesta, Túpac Amaru elevó un nuevo escrito en diciembre de 1777. Fundamentó la insistencia en su deseo de anular la tacha anterior, exhibiendo poderes que "en devida forma presenta". En realidad el texto reproduce anteriores argumentos, con la diferencia de hacer extensiva la prohibición del trabajo minero en Potosí a todos los indios de Tinta. Por entonces (3-I-1778) firmó ante el escribano Andrés de Sandobal una "Escritura de obligación" por más de 8 000 pesos, prestados por sus amigos Montiel y Gómez ante tres testigos. La respuesta oficial fue declarar válidas las razones del Visitador (20-V-1778) y ordenar se remitiese un testimonio de lo actuado al gobernador de Potosí.

A mediados de 1778, "enfermo de tercianas", Túpac Amaru retornó al Cusco cabizbajo pero no vencido. Acompañado de un enfermero tomó la ruta que atravesaba la levantisca provincia de Huarochirí. Se afirma que durante este viaje se entrevistó con varios caciques de la región, "tratándoles sobre la misma sublevación". Llegado al Cusco fue recibido por importantes personajes criollos, sindicados como sospechosos por las autoridades virreinales. Un año después, en mayo de 1779, estuvieron en Coporaque un grupo de eclesiásticos y gente extranjera y de otras regiones del país. Entre ellos cítase a un canónigo de Bogotá y a un sujeto llamado Ventura Zuloaga quien "pudo tener parte en las ideas de los alzados o llevar de ellos algunos encargos a otras Provincias y Paises" y se entrevistaría con Túpac Amaru.

Bibliografía

AGI, Audiencia de Lima, Legajos 1039, 1040, Audiencia del Cusco, Legajo 75.

(11) pp. 8-19.

(13) pp. 170-71.

(29) Rev. Letras nº 35, 1946.

V. MOTIVOS Y OCASIÓN DEL LEVANTAMIENTO

> Este maldito y viciado *reparto* nos ha puesto en este estado de morir tan deplorable con su inmenso exceso.
>
> TÚPAC AMARU
> (*Carta al visitador Areche*)

EL ANÁLISIS de la rebelión de Tinta descubre motivos, cuyo entrecruzamiento propiciaría la ocasión de su estallido. Novísimas medidas económicas aplicadas por España en sus colonias, tornó insoportable la mala administración y determinó el repudio de algunos negociados consentidos pero abominables. Paralelamente, una constante tensión entre autoridades civiles y eclesiásticas —derecho laico *versus* derecho canónico—, precipitó la crisis en el obispado del Cusco. A esto se unió la creciente oposición de las castas privilegiadas de criollos limeños y del grupo noble indígena del Cusco contra los peninsulares y nuestros "retrógrados" sus partidarios incondicionales. Trama tan complicada de hechos ocurrían en un momento de ruptura internacional con Inglaterra, simultánea a una gran agitación en la casi totalidad de las poblaciones virreinales. Como un complemento importa recordar algunas opiniones de los virreyes de Lima y Buenos Aires, del visitador Areche y de otros personajes contemporáneos y confrontarlas con la fustigante crítica de Túpac Amaru.

Funcionalmente es necesario destacar el factor económico. La metrópoli aprobó y decretó la creación de nuevos impuestos, a iniciativa del Ministerio de Indias, José de Gálvez, produciéndose como lógica consecuencia graves disturbios en diversos lugares de Hispanoamérica. Es muy importante examinar las protestas contra los oficiales de la Real Hacienda, que el virrey Guirior inserta en su *Relación* de gobierno. Esto hace comprensible la casi simultaneidad de movimientos como el de los comuneros en Nueva Granada. El común impacto metropolitano, produciría paralelas reacciones de protesta.

No era un secreto que, en las colonias hispanoamericanas, las autoridades se enriquecían ilícitamente a costa de las castas no privilegiadas —indios, mestizos y "pardos"— y del Fisco, burlando el pago de los impuestos las autoridades llamadas a cautelarlos. Esta opinión está sintetizada en el grito genérico que se escucha en los tumultos y se lee en los Pasquines: "Viva el Rey y muera el mal gobierno." En consecuencia no es una sorpresa que los funcionarios más repudiados fueran los corregidores y los recaudadores u oficiales del fisco.

Los Corregimientos entraban en su etapa de decadencia. La *Ordenanza de Intendentes* ya estaba vigente en otros territorios, llegando tardíamente al Perú el año 1784. Principal comercio de los corregidores eran los *Repartos* mercantiles o venta de mercaderías que los indios debían adquirir obligatoriamente. El Corregidor vendía e imponía los precios y las condiciones de pago. Por lo común el indio quedaba empeñado perpetuamente a sus corregidores y caciques, al renovarse perpetuamente las ventas monopolizadas por las autoridades. Las acusaciones sobre estos y otros abusos pueden leerse en multitud de documentos oficiales y particulares de la época. Por ejemplo, las *Noticias Secretas* de Antonio Ulloa y Jorge Juan —editadas en 1824— constituyen un documento oficial "reservado". Un fragmento, por entonces inédito, citado por el canónigo peninsular Ximénez de Villalba el año 1783 en el Cusco, constituye un testimonio de su validez. Por otra parte, los corregidores tenían como oponentes constantes a los eclesiásticos, cuya celosa defensa del fuero canónico servía de freno a las extralimitaciones de las autoridades reales. Uno de los tantos episodios fue el tumulto de Yauri, que enfrentó al obispo criollo Moscoso y Peralta con el corregidor peninsular Arriaga y produjo inesperadas consecuencias.

El obispo Juan Manuel de Moscoso y Peralta (1732-1811) nació en Arequipa. Pasó a Lima y estudió en el Colegio Mayor de San Martín —regenteado por los jesuitas—, plantel erigido para "educar a los hijos de los conquistadores y demás descendientes de ellos y que fuese seminario de Ministros y Obreros para las iglesias y doctrinas". Prosiguió sus estudios universitarios y se graduó de Bachiller en la Universidad de San Marcos y de doctor en la Universidad de San Ignacio del Cusco —extinguida en 1767. Contrajo matrimonio y tuvo un hijo varón. Pero habiendo fallecido ambos, orientó su vida hacia el sacerdocio y recibió sus órdenes en 1754. Dueño de cualidades superiores, ascendió rápidamente y fue nombrado Obispo de Tucumán. Pasó más tarde al Cusco con igual dignidad el año 1779. De inmediato se ocupó en reorganizar la administración y sanear la economía del obispado, redactando y haciendo publicar una *Regla Consueta* y un *Arancel*. Su enérgica defensa del fuero eclesiástico dio lugar a un primer choque en Tucumán con el gobernador Arriaga, hecho que se repetiría en el Cusco. A pesar de haber combatido a Túpac Amaru fue acusado de complicidad durante la iniciación del movimiento, debiendo pasar a Lima y luego a España en 1786. Llegado a la metrópoli, logró desvirtuar los cargos acumulados en contra suya. Ascendido al rango de Arzobispo de Granada, vivió allí hasta su fallecimiento y fue enterrado en la Catedral —donde aún permanecen sus restos.

El corregidor peninsular Antonio Juan de Arriaga

y Gurbista nació en Lezama —provincia de Alaba. Según su *Relación de Méritos y Servicios* (Madrid, 1771), comenzó a trabajar en los navíos de su hermano Pedro. Hizo el tráfico marítimo hasta 1751, en cuyo lapso fue apresado por los ingleses y sufrió graves pérdidas. Sirvió al rey en 1752, efectuando un urgente transporte de armas al Río de la Plata. Nombrado Capitán de Milicias de Buenos Aires, estaba de regreso en Cádiz el año 1754. Dos años más tarde volvió a viajar, llevando armas a Montevideo. Pero a su vuelta, obligado por los vientos, arribó de manera accidental a Río de Janeiro, motivo por el cual se le excluyó de la navegación y sufrió graves pérdidas económicas. Durante más de ocho años fue apoderado del Consulado de Cádiz en Buenos Aires. Entre 1758 y 1762 a su costa efectuó un reconocimiento de la costa sur y fue renominado Capitán de Milicias. Organizó un contingente de milicianos, ayudando en la defensa del Río de la Plata y la toma de la Colonia de Sacramento. Esta constante actividad quebrantó su salud y determinó que pasase a retiro provisional. Posteriormente (1776), a mérito de sus servicios "se le concedió por recompensa el Corregimiento de Tinta". Como el Corregidor en ejercicio no había concluido todavía su periodo, ocupó interinamente el cargo vacante de Gobernador de Tucumán y en momento oportuno pasó a desempeñar el de Corregidor de Kansas y Kanchis o Tinta.

La enemistad personal del obispo Moscoso y Peralta y del corregidor Arriaga había empezado en Tucumán, por motivos de jurisdicción, y se repetiría en el Cusco. Sin embargo, cuando Arriaga pasó por Chuquisaca fue recibido cortésmente y agasajado por el Obispo. Cosa análoga ocurrió cuando éste pasó por el corregimiento de Tinta a tomar posesión de la silla del Cusco. A pesar de este torneo externo de cortesanías, sólo habían trascurrido algunos meses cuando el Obispo y el Corregidor rompían definitivamente lanzándose graves acusaciones mutuas. El tumulto de Yauri recomenzó la lucha.

La chispa saltó cuando el cura de Yauri no obedeció de inmediato una orden de su Obispo, hecho que se agravó al producirse un tumulto contra su enviado. Entonces se pidió auxilio al Corregidor de Tinta, de cuya jurisdicción dependía Yauri. Éste respondió que "delito tan criminal como de tumulto" rebasaba el fuero eclesiástico y correspondía a un juez civil. Como su reparo no fuera tomado en cuenta y continuaban las exigencias eclesiásticas, Arriaga consintió en arrestar a los complicados y los encerró en la cárcel. Como el obispo Moscoso y Peralta exigió, además, que los detenidos pasasen al Cusco bajo custodia del corregidor Arriaga, el asunto tomó un distinto cariz. Éste manifestó en forma tajante que la conducción de los prisioneros no le correspondía y puso en libertad bajo fianza a los presuntos reos. El Obispo criollo amenazó y luego excomulgó al Corregidor peninsular (27-VII-1780), mientras éste por su parte remitía graves acusaciones ante el virrey. La Audiencia recomendó que la excomunión al Corregidor fuera levantada. Al no recibir respuesta, reiteró en forma enérgica que dicha pena cesase por convenir al mejor servicio del rey. Aunque el juez eclesiástico obedeció con desgano, la hostilidad del Obispo continuó. Exasperado el corregidor Arriaga, mandó arrestar a un eclesiástico en uno de los pueblos de su jurisdicción. Conocidas las nuevas por el virrey Jáuregui, con adhesión del visitador Areche, desaprobó la conducta del corregidor Arriaga y lo amenazó con severas sanciones en caso de persistir en sus medidas.

Desde el gobierno del virrey conde de Superunda se hace patente en Lima una creciente influencia de los criollos en la vida política virreinal. Aunque su sucesor Amat adoptó una tendencia opuesta y destaca por su línea dura contra los criollos, el siguiente virrey, Manuel de Guirior (1776-1780), tomó decididamente la orientación procriolla y logró atraerse la simpatía y adhesión de Lima, que espectaba la lucha entre el prepotente visitador Areche y el sagaz virrey Guirior. Por entonces es patente la creciente tensión entre criollos y peninsulares que chocan en campos distintos. Por ejemplo, en 1781 el catedrático criollo José Baquíjano y Carrillo pronunció su *Elogio* en el recibimiento hecho por la Real y Pontificia Universidad de San Marcos al virrey Jáuregui. Pero la pieza fue criticada oficialmente y se recogieron sus ejemplares. Dos años más tarde, él encabezó un conato de reforma universitaria y postuló para el cargo de Rector, siendo derrotado por escasísimo margen. En este lapso las protestas por las cargas fiscales aumentan. Los hacendados criollos firman reclamos y surgen otros problemas económicos conexos, a la par que un grupo criollo de avanzada preconiza en sordina la elección de un virrey sacado de su seno.

Históricamente, el hombre autóctono había sido vencido de manera externa pero no aniquilado ni absorbido. La reacción india aparece desde el comienzo de la invasión y conquista y está simbolizada en la actitud de Chalcuchímac, dejándose quemar en la hoguera antes de abjurar de sus dioses tutelares. Manco II encabeza la guerra de la Reconquista, continuada hasta la ejecución del Inca Túpac Amaru en 1572. Durante los siglos XVI-XVIII hay una constante resistencia indígena, preparatoria de terrenos favorables a todo posterior movimiento de protesta. En el Cusco el grupo noble indígena guardó una constante rebeldía, patentizada en multitud de ocasiones favorables. Sobre el fondo de una masa india y mestiza famélica, el núcleo noble autóctono se convirtió en guardián de la tradición. Desde mediados del siglo XVII, esta resistencia se enriqueció con la lectura de los *Comentarios Reales* del genial Garcilaso Chimpuocllo. Este grupo en el siglo XVIII estaba claramente dividido: de una parte los que colaboraban con el gobierno español y actuaban de instrumento incondicional, facción que podría estar representada por el cacique Pumacawa; de la otra los que defendieron siempre al indio común, trataron de aminorar los abusos y vejaciones que los aniquilaban, sector que tiene a Túpac Amaru como a su representante cimero. Existió en el Cusco un cenáculo de poderosas familias nobles, fuerza rectora que actuó en la penumbra y extendió su poder hasta Lima.

Otros factores están representados por Inglaterra y la participación de los jesuitas expulsados en 1767. El año 1780 España e Inglaterra estaban en guerra, hecho que se dio a conocer mediante una Real Orden (8-VII-1779) que autorizaba a los hispanoamericanos "para que por vía de represalias y desagravio" hagan la guerra y hostilicen "por mar y tierra" a los ingleses. Los rebeldes tienen esperanzas de auxilio armado. Éste no se concreta en el Perú, pero genera una actitud de cierta confianza entre los inconformes. Por entonces el virrey Jáuregui menciona a cierta expedición marítima salida de Inglaterra para el "golfo de Bengala, con la idea de arrojarse sobre las costas de Chile y de este reino". Por otra parte, parece que Inglaterra preparaba un sorpresivo golpe contra las costas del Río de la Plata. El hecho aparece posteriormente vinculado con las actividades del prócer arequipeño Viscardo y Guzmán, precursor continental del separatismo. Lo cierto es que éste tuvo noticias acerca de la rebelión cuando el movimiento ya había sido aplastado. Se proponía acompañar a la expedición inglesa y pasar de Buenos Aires al Perú como agente revolucionario. Frente a la vaguedad con que habla del levantamiento cusqueño, destaca más bien sus juicios sobre el movimiento de los comuneros neogranadinos. Pero existen otras menciones específicas sobre participación de súbditos de la Gran Bretaña. En una relación cronológica hecha en Arequipa, se afirma que a Túpac Amaru lo acompañaban algunos hombres rubios "que parecían ingleses". En otro documento masónico, firmado por Túpac Catari, al lado de apellidos ingleses, queda señalada la participación de esta sociedad secreta como intermediaria del apoyo inglés en favor de la rebelión. Por último puede citarse el testimonio del eclesiástico Uría Illanes (1782), afirmando cómo entre los compañeros de Mariano Túpac Amaru —hijo segundo del prócer— estaba "un inglés vatidor de Bandera".

El papel que pudo corresponder al ex jesuita Francisco José Marcano y Arismendi, está contradicho por el examen teológico a que fue sometido en Buenos Aires ante tres eclesiásticos doctos. Marcano y Arismendi pasó detenido a la península, pero el barco en que viajaba cayó en poder de los ingleses. Su afirmación sobre alborotos para el mes de octubre se confirma con el conato de Túpac Amaru, aunque pudo también referirse al intento de Farfán de los Godos, que debió realizarse el segundo semestre de 1780. Cuando Marcano y Arismendi volvió a territorios de América, no logró entrar en el Perú. Fue detenido y enviado a una prisión de España. Otro pretendido hijo de San Ignacio, el paucartambino Anselmo de Alvisto y Zamalloa, amigo de Túpac Catari, declaró a mediados de 1783, "que ni es tal eclesiástico, ni religioso de ninguna religión, que es puramente seglar". Usó el hábito por estar huidos de sus doctrinas la mayor parte de los sacerdotes.

Los virreyes de Lima y Buenos Aires expresaron sendas opiniones sobre los motivos de la rebelión.

Jáuregui cree ver el origen del levantamiento en el exceso de los Repartos mercantiles, el agobiante trabajo de minas y obrajes, la creciente presencia de impuestos que ya habían sido aumentados, el estado de barbarie de los indios dispuestos a creer en las más ilusorias promesas y lo indefensas que se encontraban las provincias del interior. Vértiz afirmaba en 1780, que la opresión y codicia de las autoridades había colaborado en forma decisiva al estado de agitación general. Señaló como principales motivos: exceso en los repartos, mitas y recargados impuestos y "la novedad de empadronar los cholos y los zambos". Por su parte, el visitador Areche acusó al virrey Guirior como principal culpable del malestar y seguidos levantamientos, por gobernar "entregado á los peores criollos de esta América". Apropiándose de la sugerencia del obispo Moscoso y Peralta, el Visitador recomienda la abolición inmediata de las antiguas costumbres incaicas, vestidos y objetos, extinción del idioma kechua y prohibición de algunos libros peligrosos, como los *Comentarios Reales*, para la completa pacificación de las provincias. Finalmente, recomienda una rigurosa selección para el nombramiento de funcionarios en América, con lo que se evitarían las defraudaciones al fisco y los impuestos serían cobrados con honradez y energía.

En las cartas y edictos de Túpac Amaru se exponen, con aparente claridad circunstancial, los motivos del levantamiento iniciado en 1780. Que la autoridad real es paternal y justa está probado por las leyes de Indias, pero que éstas permanecen burladas y escarnecidas lo demuestra la diaria conducta de las autoridades y la desesperación de los naturales. Levantarse contra los malos funcionarios significaba defender al monarca. Subterfugio inicial, de positivo efecto sobre mestizos e indios, fue invocar una comisión del rey. Aunque el caudillo esquivó inteligentemente todo comentario, afirmando que obedecía a "legítimas causas que por ahora se reservan". Sus mandatos publicados tenían por finalidad dar a conocer las órdenes del monarca para "cortar el mal gobierno de tanto ladrón". Túpac Amaru abogó por el nombramiento de Alcaldes Mayores indios, que recibirían una paga moderada, la extinción de los Repartos mercantiles, de algunas contribuciones odiosas y la creación de una nueva Real Audiencia en el Cusco. Sus reclamos iniciales a la luz de los sucesos posteriores, aparecen dentro de un fidelismo circunstancial y táctico. El cambio se patentiza mediante un Bando, firmado en Tungasuca por el monarca "José I" y refrendado por su secretario Cisneros, cuyo texto se ratifica por otro aparecido en el virreinato de Nueva Granada. Doña Micaela Bastidas confesó, con estudiada vaguedad, haberlo visto en manos de un cacique de Marcapata. Este documento da testimonio de cómo Túpac Amaru pasaba del fidelismo al independentismo. Sin embargo, hay todavía rezagos tradicionales, al reconocer un mitigado vasallaje al monarca español. En cambio, su declaración determinación de abolir la esclavitud y utilizar a los esclavos negros como soldados, aparece como una consecuencia lógica de su propósito de conseguir la justicia social y socavar el antiguo régimen.

Por último, Eusebio Balza de Berganza, sobrino del corregidor Arriaga, ha esgrimido una tendenciosa explicación. El apresamiento del Corregidor de Tinta obedecía a una orden del Obispo del Cusco, señalando al cura Vicente de la Puente como el verdadero autor del levantamiento. En abono de su tesis afirmó maliciosamente que Túpac Amaru contrajo fuertes deudas en Lima, encontrándose acorralado entre sus acreedores y los pedidos del corregidor Arriaga para que entregase el monto de los tributos recaudados. A base de estas opiniones aventuró una peregrina hipótesis. Cuando pasó por Tungasuca el cura Puente aconsejaría al cacique Túpac Amaru que se levantara contra las autoridades, saldando de esta manera sus deudas y dando victoriosa solución a sus rencillas personales. Para animarlo de modo definitivo, le prometería en dicha ocasión la completa ayuda del Obispo y de la totalidad del clero. Si a esto se añadía la ciega adhesión que la profesaban los indios, el éxito del movimiento estaba asegurado. Pero los argumentos del sobrino de Arriaga carecen de base. La verdad es que Túpac Amaru era dueño de considerables caudales y tenía un sólido crédito en Lima y el Cusco.

En cambio más real es la voceada relación entre Túpac Amaru y una minoría de prominentes cusqueños, como la familia Ugarte o el presbítero Castro. Éste sostenía estrecha amistad con un pariente político del Cacique y es citado por éste en su Carta al visitador Areche como uno de los personajes que emitieron informe favorable a los indios. Individualmente, en 1783 se acusó a Antonio Ugarte de exaltado tupacamarista, pues tres años antes manifestó públicamente "que José Gabriel Túpac Amaru es descendiente legítimo de Don Felipe Túpac Amaru y como tal es acreedor a la corona de este Reino que le pertenece de jure".

El plan de la rebelión había madurado, casi por entero, en el espíritu del precursor. Esto es comprensible por un natural temor a ser delatado si confiaba sus proyectos a personas cuyo descontento no era garantía de total adhesión. El conocimiento de lo que pasaba en el Virreinato fue obtenido por Túpac Amaru gracias a sus pesquizas directas e indirectas sobre el verdadero "gobierno espiritual y civil de estos vasallos". La *ocasión* propicia aparecía, pues, gracias al entrecruzamiento de situaciones que debilitaban de manera ostensible el poder de las autoridades reales, instante aprovechado con decisión, sentido de oportunidad y sed de justicia para los oprimidos y un sincero deseo que las leyes se cumpliesen también en América. De ahí a su independentismo final había un corto trecho de fácil paso.

Bibliografía

AGI, Audiencia de Lima. Legajos 1040, 1041, 1043, 1044, 1045, 1049.

AHM, tomo IV.

(1) pp. 11-12, 40-42, 104-05, 120-29, 142-153, 206, 335-37.

(13) pp. 143, 168-71.

(12) pp. 13, 23-24.

(83) pp. 299-300, 307.

VI. LA REBELIÓN

El sábado 4 de noviembre de 1780 —día de San Carlos Borromeo— estalló la gran rebelión. Un contemporáneo la califica de la más grande conmoción que había sufrido el Perú desde la Conquista. En Yanacea, a tres leguas de Tinta, el cura Carlos Rodríguez ofrecía una comida con el fin de celebrar su cumpleaños y el natalicio del rey Carlos III. Entre los comensales estaba el párroco de Pampamarca, Antonio López de Sosa, y el cacique Túpac Amaru. Procedente de los pueblos "altos" llegó el corregidor Arriaga. Comió y conversó "hasta las cuatro de la tarde", hora en que se despedía para volver a Tinta urgido por despachar el correo.

Con insistencia y cortesanía, el cacique ofreció escoltar al corregidor. Éste reiteró sus agradecimientos y no quería aceptar tanto comedimiento, "rebajándose la autoridad de su empleo en estos tratos". Arriaga terminó por acceder. Túpac Amaru mandó permanecer en el pueblo a un grupo de vecinos de Yanaoca, que porfiaban por formar la escolta. Ya en el camino, el cacique propuso al corregidor pasar a Tungasuca. Éste se negó, alegando su urgencia de llegar a Tinta. En estas insistencias, al "salir de una cuesta, lo rodearon" gente apostada por Túpac Amaru. Arriaga huyó y logró esconderse, siendo descubierto por una india. Atontado por una pedrada en la cabeza, cayó al suelo. De inmediato "lo trincaron y puesto en un sillón de muger" fue escondido en un cerro cercano y, al anochecer, conducido hasta Tungasuca. El secretario del caudillo afirmó durante el proceso que el grito iba a producirse el 2 de octubre, aunque quedó aplazado en espera de una mejor ocasión. Declaraciones inéditas de varios testigos han permitido aclarar definitivamente los pormenores de este momento inicial.

Encerrado en un pequeño cuarto y encadenado, Arriaga fue notificado, delante de tres vecinos de Combapata, Pitumarca y Sicuani, que su arresto había sido ordenado por el monarca. Por mandato del caudillo escribió a Tinta para que se trasladasen a Tungasuca "su cajero Don Manuel San Roque y otros quatro mestizos trayéndose todas las llaves del Cabildo". Por este medio comenzaron a llegar los subalternos del corregidor, listos para marchar contra imaginarios piratas apostados en el puerto de Arata, cerca de Islay. Fueron sucesivamente capturados Mendieta, con 22 000 pesos; Balza de Berganza, sobrino del corregidor, con 10 000 pesos; Lamadrid, obrajero de Pomacanchi; Antonio Figueroa, futuro jefe de la artillería rebelde. Después Túpac Amaru pasó a Tinta. Abiertas las puertas del Cabildo, en sus piaras de mulas y costales que llevó acomodó "toda la Sala de Armas, los vestuarios de los soldados, cartucheras, virretinas, como también todos los bienes que pudo cargar". Entretanto, a Tungasuca llegaban criollos, españoles, mestizos e indios con sus caciques. Al saber que Arriaga estaba preso, quedaban desconcertados. En muchos pueblos corrió la voz de que Túpac Amaru y su familia habían sido asesinados por Arriaga, y encontraban una realidad opuesta. Otros creían que la convocatoria era para arrestar al cacique, quizá complicado en el conato rebelde de Farfán de los Godos y el cacique Pumayalli Tambowacso.

Entretanto Arriaga exigía ver la orden de su arresto y acudió al cura López de Sosa. Pero sus gestiones tuvieron la respuesta que todo era legal y de orden superior. Como consecuencia, el eclesiástico aconsejó al corregidor que se dispusiese a ser ahorcado, y le sirvió de confesor contando con el auxilio de dos ayudantes. La sentencia fue leída en la prisión el 8 de noviembre. Arriaga sufriría la pena infamatoria de la horca como castigo a sus repartos excesivos y crueldad usada en las cobranzas. Los últimos momentos del corregidor se vieron amargados por la "resistencia y tumulto de los cómplices en su prisión".

El día anterior a la ejecución de Arriaga, el cacique Túpac Amaru, "que en un caballo blanco venía", reunió en las afueras del pueblo a los recién llegados y los arengó en quechua y castellano. Puso a los criollos y mestizos armados en fila de a uno y a los indios de cuatro en fondo con sus hondas. La preparación bélica comenzó desde este momento. El día viernes 10, a las ocho de la mañana, el caudillo reunió a la gente y la hizo marchar al son de tambores y pututus hasta la plaza de Tungasuca. Mandó formar un gran cerco, dejando en el centro la horca. El cacique salió de su casa a inspeccionar, acompañado de su hijo mayor, Hipólito, y de un familiar. Túpac Amaru montó su famoso "caballo blanco, vestido de terciopelo negro, con su espada de militar". Sus acompañantes llevaban vestidos colorados con vueltas azules y sendas lanzas. Túpac Amaru avanzó solo y después de un detenido examen retornó a su casa, donde ingresó un sacerdote con el Santísimo y poco después salió. Muchos creían todavía que el corregidor estaba enfermo. Entonces apareció un tambor o pregonero en compañía de un mestizo con un papel muy grande y echó Bando en dos lenguas, gritando quedar prohibida la "Alcabala, Aduana, mita de Potosí, y que por dañina se le quitaría la vida al corregidor" Arriaga. Gritos de júbilo retumbaron en el pueblo. La gente principió a murmurar que la condena sería por algo malo que Arriaga hizo en Tucumán cuando fue gobernador.

Cerca del mediodía "una partida de Granaderos" sacó al corregidor de la prisión entre tres eclesiásticos. Lo escoltaron hasta el pie de la horca y le quitaron los grillos. Los propios empleados de Arriaga iban gritando que avanzase a la horca. Todos los habitantes de la provincia parecían reunidos en la plaza. Por última vez él insistió en ver la orden de arresto, sin obtener respuesta. El verdugo negro Antonio Oblitas —ex esclavo del corregidor— le quitó el vestido que traía y "le puso un hábito de San Francisco". En esta ocasión fue degradado de su rango de Coronel de Milicias, le arrebataron el bastón que tenía y lo presentaron a Túpac Amaru "hincados de rodillas", quitándole otras insignias militares que ostentaba. Al izarlo se rompió la soga y "cayó con el verdugo". En este momento uno de los ayudantes del cura dijo al corregidor que se asilase en la iglesia, pero el cacique anuló la treta y con un lazo hizo sacar al reo, mientras la gente dejaba escuchar voces de odio diciendo: "Lazo, lazo." Otro, trajo una soga de las mulas y el verdugo terminó la ejecución. Concluido el acto, la multitud se retiró, prohibiéndose que los forasteros abandonasen el pueblo sin orden expresa de Túpac Amaru. El cuerpo del corregidor Arriaga quedó "puesto en la horca hasta el sábado". Decía un verso oficialista:

¿Arriaga por qué murió?
Sus autos lo han publicado.
Murió por guardar la ley,
luego es bienaventurado.

Otra afirmación contemporánea señala cómo los abusos de las autoridades determinaron al cacique "contener el mal gobierno, por cuyo motivo murió en público cadalso el corregidor de esta provincia de Tinta". Y el obispo Moscoso y Peralta admirábase del sigilio con que empezó y terminó el proceso y ejecución del corregidor, pues la noticia llegó al Cusco "después de cometido el delito, sin que hubiese proporcionado entre los medios humanos alguno conducente a excusar el daño".

Los funerales de Arriaga se efectuaron cuando el cura López de Sosa retornó a Tungasuca el día 13. Fue enterrado en la iglesia del pueblo, como lo acredita la respectiva Partida de defunción. La ceremonia se prolongó demasiado "porque andubieron combidando". Su sobrino Balza de Berganza luchó mucho para reivindicar la memoria del difunto corregidor, porque a pesar de haber dejado un considerable caudal tenía deudas atrasadas con el fisco de casi 20 000 pesos.

De inmediato corrió el rumor que pasarían a destruir todos los obrajes existentes y ajusticiar corregidores. Túpac Amaru arengó a la masa. Recordó las pasadas grandezas y señaló la tristísima condición actual debido a los Repartos mercantiles, las mitas y numerosos impuestos, que declaró abolidos y aceptó la ayuda voluntaria de los que lo quisieran seguir, "desabrochando" la idea que hasta entonces había mantenido oculta. La ejecución de Arriaga confirió carácter público al movimiento de Túpac Amaru, "indio de la sangre real de los Incas y principal tronco". El fracaso de sus reclamaciones judiciales lo empujó a adoptar una actitud revolucionaria. Los violentos sucesos de Tinta fueron el signo de un movimiento que se extendió rápidamente por las 14 provincias del Cusco, llegando a los pueblos del Alto Perú, ya conmovidos por los hermanos Catari.

El caudillo acuarteló a sus improvisadas huestes, les pagó una moderada cantidad diaria de "dos reales al soldado indio, y al español cuatro", planeando marchar contra el pueblo de Kikijana y apremiar al corregidor Cabrera. La falta de armas de fuego y suficiente disciplina militar estaba parcialmente compensada con el creciente aumento de sus hombres, armados en su mayoría con hondas, rejones y palos. El 12 de noviembre, en la tarde, salía la primera expedición rebelde. Los hombres iban ansiosos de recibir su bautismo de fuego en la lucha contra los odiados chapetones o "pucacuncas" y sus protegidos. Túpac Amaru llevaba como capellán suyo al dominico fray Isidro Rodríguez "diciéndole misa en Altar portátil", mientras en la provincia de Paruro otro dominico, el padre Gregorio Santa Cruz, iba predicando la rebelión y levantando a indios y mestizos.

Al pasar por el pueblo de Pomacanchi saquearon el famoso y odiadísimo Obraje, repartiendo telas por un cuarto de millón de pesos. El avance fue proseguido con entera facilidad y culminó con la ocupación de Kikijana. El corregidor Cabrera había huido oportunamente, avisado por el fugitivo cura de Tinta. Aunque en su apresuramiento abandonó sus repletos almacenes y más de 25 000 pesos, reunidos "en las arcas del fisco". Saqueados los bienes del corregidor, pusieron en libertad a los presos y los esclavos liberados pasaron a engrosar las huestes rebeldes. Un testigo de excepción, Mariano Gómez, encargado del Correo de Lima a Potosí, durante su momentánea detención vio a Túpac Amaru en Kikijana. Al preguntar si habían ahorcado al cacique de Písac, Pumayalli Tambowacso, y tener una respuesta negativa, dijo: "No lo ahorcarán." Vio a los alzados que llevaban dos banderas "con las armas de los Reyes Yngas", más de 100 soldados con fusiles y uniformes tomados del depósito de Arriaga y oyó decir que pasarían a las provincias de Lampa, Azángaro y Carabaya.

Con el botín capturado y lamentando la huida del corregidor Cabrera, Túpac Amaru ordenó el retorno a Tungasuca, colocando espías en la ruta para obtener avisos oportunos. En el viaje saquearon el Obraje de Parapuquio, repitiéndose las escenas de violencia. La reacción contra los obrajes era espontánea. Ahí no sólo trabajaban los indios en condiciones misérrimas, sino que de su pequeño jornal se descontaban los alimentos y medicinas. Siempre se les pagaba con retardo y a veces nunca, obligándolos a robar en los caminos para comer. Por esto, las tropas de Túpac Amaru prendieron fuego a los obrajes "a instancias de los mismos" mitayos. El caudillo nunca destruyó por placer o incontrolada cólera, exhibiendo siempre una actitud predominantemente constructiva. En sus posteriores ataques efectuó constantes sondeos de paz, encaminados a disminuir el número de víctimas.

Los victoriosos rebeldes retornaron, optimistas, a Tungasuca. Su fácil victoria elevó la moral de los guerrilleros. Para evitar sorpresas, Túpac Amaru puso vigías en los sitios de acceso al pueblo. De inmediato comenzó a escribir "cartas y bandos seduciendo a las provincias". Con sus hombres de confianza el caudillo constituyó su famoso Consejo de los Cinco, cuyas sugerencias escuchó siempre. Por entonces sus espías avisaron que del Cusco salía un fuerte ejército con el fin de atacar Tinta. En estas circunstancias, Túpac Amaru tomó una decisión que le otorga el justo título de precursor de la justicia social en el Perú.

Como avanzada medida *de facto* contra la esclavitud y perspicaz maniobra para aumentar sus efectivos, Túpac Amaru dio su famoso Bando de Libertad de los Esclavos, el día jueves 16 de noviembre del año 1780, desde el anexo conocido bajo el nombre de *Santuario del Señor de Tungasuca* —dependiente de Pampamarca—, documento de capital importancia en la historia político-social hispanoamericana y del continente. Al hacer un llamado general a los vecinos del Cusco para que se apartasen de los europeos, añade "aunque sean Esclavos a sus Amos con aditamento de que quedarán libres de la servidumbre y esclavitud en que estavan". Tal decisión era una consecuencia lógica de su doctrina de total defensa de las castas no privilegiadas. El ataque a la *servidumbre* de los indios reclamaba la desaparición de la *esclavitud* del negro. Es simbólico que un antiguo esclavo fuese el verdugo del tiránico corregidor Arriaga. Fue de la región del Cusco de donde partió el primer grito antiesclavista, la declaración precursora de la redención del negro. Cosa análoga se haría durante el protectorado de San Martín y en el segundo gobierno del presidente Castilla.

Bibliografía

AGI, Audiencia de Lima, Legajos 1039, 1040.
Audiencia del Cusco, Legajos 30, 31.
AHM, tomo 57.

(1) pp. 17-8, 116-27, 156-73.
(5) pp. 46-53, 94-5, 110-8, 124-6.
(6) pp. 135-42.
(23) p. 313.
(13) pp. 143-7.
(19) pp. 507-8.

VII. DIVISIÓN ENTRE LOS CACIQUES

La división era ya una tara muy antigua entre los indios. La descubrimos con sorprendente precisión en el momento inicial de la invasión hispánica. Las divergencias entre los hijos de Wayna Cápac por afirmarse o conquistar el poder único, facilitaron indudablemente el predominio extranjero. El efímero momento de Túpac Wallpa y el breve acercamiento de Manco II al campo invasor, fue seguido por una definitiva separación entre dos bandos irreconciliables del Perú autóctono: Manco II acaudillando la guerra de la reconquista, y su hermano paterno, Paullu, sometido incondicionalmente al invasor, distanciamiento que supervivió en sus descendientes.

Paullu fue un instrumento de las facciones españolas durante el lapso de las guerras civiles y encarna un típico servilismo. Manco II en cambio representa la rebeldía, mantenida a través de Titu Cusi Yupanki y del último Inca Túpac Amaru, ejecutado por Toledo en 1572. Su ejemplar sentimiento de altivez se conservó latente, llegando a patentizarse vigorosamente en un lejano descendiente directo por rama femenina. Y es en aquel momento crucial del siglo XVIII, pasados casi 250 años de la invasión hispánica, cuando vuelven a chocar dos viejas y opuestas actitudes: el altivo y señero gesto de Manco II (hijo de Wayna Cápac y Mama Runtu), encarnado en el cacique José Gabriel Túpac Amaru, frente al servil y oportunista de Paullu (hijo de Wayna Cápac y Añas Cellke), encarnado en el cacique Pedro Sawaraura, delator fidelísimo, muerto cuando luchaba contra aquellas finalidades que precisamente debía proclamar y sostener, o aliados como Mateo García Pumacawa, azote de indios y mestizos que se levantaron contra la injusticia y opresión del régimen colonial.

Los caciques o funcionarios menores de la administración virreinal, vínculo cotidiano entre la población indígena y el Estado español, se alinearon en dos bandos opuestos. Unos, los más importantes, reprobaron el movimiento y auxiliaron a las autoridades españolas por conveniencia personal y prejuicio de casta. Otros se declararon partidarios de la causa reivindicatoria y siguieron en forma decidida sus banderas. La masa indígena, por lo común, abrazó el partido de sus caciques. Aquellos que se mantuvieron fieles a las autoridades tuvieron representantes en las diferentes provincias del Cusco, según está comprobado por numerosos documentos dejados por individuos e instituciones contemporáneas.

Túpac Amaru desató una intensa propaganda en los innumerables pueblos del Obispado del Cusco, que minuciosamente conocía. En sus cartas, bandos y proclamas, enviados a los caciques y autoridades, avisa oficialmente estar cumpliendo un superior mandato para deponer a los arbitrarios corregidores y extirpar definitivamente cargas excesivas y trabajos agotantes. Todas las castas sociales guardaban algún rencor contra estos funcionarios, aunque especialmente entre los indios descubríase un absoluto repudio. El castigo contra los que se opusiesen a su movimiento estaba prometido en nombre del rey, sabiendo Túpac Amaru la enorme importancia de invocarlo y cómo flotaba en el ambiente todavía la creencia en su piedad y recta justicia.

Los indios del Cusco fueron acuartelados en el antiguo Colegio de los Jesuitas, y luego distribuidos entre los diferentes cuerpos de milicias para evitar una posible deserción. Levantado el asedio de la ciudad, la nobleza indígena formó una compañía separada.

Estos caciques fieles desempeñaron un papel decisivo en la reacción contra sus propios hermanos de raza, ayudando a las autoridades con hombres, con dinero, animales y víveres. Cabe recordar entre los más distinguidos, a Mateo García Pumacawa, de Chinchero; Diego Chokewanca, de Azángaro; Pedro Sawaraura, de Kispicanchis; Nicolás Rosas, de Anta; Eugenio Sinanyuca, de Tinta; Antonio Eguiluz, de Paruro, y Joaquín de Zúñiga, de Condesuyos.

El cacique Mateo García Pumacawa Chiwantito nació en el pueblo de Chinchero (21-IX-1740), provincia de Calca y Lares. Era hijo proveniente del matrimonio de Francisco Pumacawa y doña Agustina Chiwantito. Casado su padre en segundas nupcias, tuvo una hija y tres varones. Su familia descendía por línea recta de Tucaycápac Inca, antiguo señor de esas tierras. Recibió su nombramiento de Cacique y Gobernador interino en 1770, cuatro años después que Túpac Amaru. En el año 1773 obtuvo el nombramiento de Capitán de la Compañía de Indios.

En plena rebelión (30-XII-1780), el corregidor del Cusco le otorgó el título de Coronel de la gente reclutada en Chinchero, título que el rey ratificó. Casado con doña Rosa Coriwaman, dejó cuatro hijas y dos hijos.

Pumacawa fue el más importante y decidido enemigo de la rebelión y auxiliar valiosísimo de los jefes españoles. Su persona fue objeto de unánimes elogios del virrey Jáuregui, quien lo menciona como sujeto digno de "singular aprecio", del obispo Moscoso y Peralta, que exalta al "gran cacique de Chinchero", y de los Cabildos civil y eclesiástico del Cusco. Recibió una pensión constante del monarca.

Más tarde acompañó a Goyeneche en las sangrientas represiones del Alto Perú, donde tantos indios y mestizos fueron masacrados. En una palabra, fue el azote temidísimo de los indios rebeldes del sur y del Alto Perú. Por sus lealísimos servicios y fidelidad a toda prueba, obtuvo en 1811 el rango de Brigadier realista y llegó a desempeñar accidentalmente la presidencia de la Audiencia del Cusco. Vidaurre ha dejado un vigoroso boceto de su contradictoria personalidad. Hallábase retirado de la vida activa cuando lo comprometieron en el levantamiento cusqueño de 1814, dirigido por José Angulo y sus hermanos, cuando Pumacawa tenía setenta y tres años. Sofocado el movimiento, fue capturado y decapitado.

Diego Chokenwanca, cacique de Azángaro, descendía del inca Wayna Cápac, cuyo hijo Cristóbal Wace Túpac fue reconocido por Real Cédula en 1544. Por fallecimiento del cacique nombrado por el virrey Toledo, Diego Chokewanca "el viejo" ocupó el cargo, primero como cacique interino y después como titular en 1568. Erigió a su costa la iglesia de Azángaro y obtuvo el título de Marqués de Salinas.

A Diego le sucedieron en el cacicazgo: Melchor, Manuel, José y por último Diego, nacido en Azángaro el año 1710. Entre sus hijos destacaron el primogénito José y el menor Gregorio, eclesiástico bajo cuya dirección se construyeron las defensas de Ayaviri para detener el avance de Túpac Amaru en 1780, si bien las tropas de los corregidores se retiraron, asustadas, sin combatir. Diego Chokewanca tuvo noticia inmediata del levantamiento de Tinta por un aviso del coronel de milicias de la Ballina, sorprendido y capturado en dicha jurisdicción. A mediados de noviembre Túpac Amaru escribió a Chokewanca sobre los propósitos de su levantamiento, señalando lo que debía ejecutar e insistía en la difusión del edicto que le remitió. Cuando llegaron los pliegos, sospechando su contenido, Chokewanca los envió, sin abrirlos, a su corregidor Zata y Zubiría, adjuntando un escrito que firmó en compañía de su hijo José, donde ambos reiteraban su fidelidad absoluta al monarca español y a sus autoridades. Esta conducta mereció muy honrosas menciones y recompensas de los virreyes del Perú y Buenos Aires y el título de Coronel de Naturales.

En la lucha posterior, la familia Chokewanca perdió sus bienes y pasó a la ciudad de Arequipa, huyendo por "caminos extraviadísimos para evitar caer en poder de sus hermanos de raza, que los reputaban como traidores a la propia causa". Al retornar más tarde a su provincia, el cacique Diego tuvo que sufrir la injusta y gratuita hostilidad de su corregidor, llegando paradójicamente a ser detenido por supuesta infidelidad al rey. La denuncia no prosperó, como lo prueba la absolución expedida por la Audiencia de Chuquisaca. Posteriores litigios y el deceso de sus hijos amargaron sus últimos años, falleciendo en 1796. Nieto suyo fue el jurista José Domingo Chokewanca, célebre por el inmortal discurso que pronunció en Pucara saludando al libertador Simón Bolívar.[1]

Pedro Sawaraura, cacique de Oropesa (Kispicanchis), habíase distinguido ya con anterioridad. Acérrimo partidario de los españoles, fue delator del conato cusqueño de Farfán de los Godos. Iniciada la rebelión de Túpac Amaru, marchó entre los primeros que salieron a combatirle. En Sangarara murió combatiendo por el rey Carlos III, quien después premiaría a sus hijos por su inquebrantable fidelidad.

[1] Su texto está perennizado en una placa existente en el Museo Bolivariano de Pueblo Libre (Magdalena Vieja), cerca de Lima; y por otra, colocada en la Casa de Bolívar, en Caracas, el año 1964.

Nicolás Rosas, cacique de Anta (Abancay), prestó inapreciables servicios a la Junta de Guerra del Cusco. Su lealtad permitió que el camino del Cusco a Lima permaneciese libre de interrupciones y posibilitó la llegada de auxilios bélicos. Además, gracias a él pudieron obtenerse, de manera ininterrumpida, los productos alimenticios del cercano Valle de Jaquijahuana, merecedor del nombre "que le dan de granero del Cusco". Por sus servicios distinguidos obtuvo honrosas menciones del virrey y extraordinarias recompensas.

Eugenio Sinanyuca, cacique de Yauri (Tinta), había sido protegido del corregidor Arriaga. Acusado de extorsiones y defraudación por el cura Vicente de la Puente, fue depuesto a pesar de la protesta de su corregidor. Al producirse el levantamiento de Tinta, el fidelísimo cacique ofreció porfiada resistencia contra los alzados y, al llevar la peor parte, solicitó auxilios del Cusco. Por toda contestación recibió nombramiento de Justicia Mayor y la orden de unirse a las fuerzas de Cayllema, jurisdicción de Arequipa. Debilitado por la constancia del ataque rebelde y habiendo fracasado en su intento de huir, cayó vencido y prisionero. A fines de 1780 era enviado preso. Túpac Amaru ordenó que lo encerrasen sin grillos al prisionero, "porque está enfermo y que con su muger viva en un cuarto".

Apreciando su valor, el caudillo trató de convertirlo en partidario suyo. Con actitud de estudiada benevolencia conservó su vida, prometiéndole absoluta seguridad para su familia y bienes si abrazaba la causa rebelde.

Sinanyuca aparentó entonces aceptar, pero en verdad espiaba una ocasión favorable para emprender la fuga. Entretanto se dio maña para obtener alguna confianza del caudillo y su esposa. Cuando el taimado cacique logró escapar, encontró que sus dos hijos luchaban denodadamente en el bando realista.

Entre los caciques que se distinguieron en la jurisdicción del Obispado de La Paz, cabe citar a Manuel Chukinga, del pueblo de Copacabana. Recibió en premio a sus servicios la confirmación como cacique de cuatro pueblos, el grado de Teniente Coronel y una pensión de 500 pesos anuales.

Este negativo papel de gran parte de los naturales fue el principal sostén de la reacción, decidiendo en determinados momentos el resultado favorable de una situación aflictiva. Por ejemplo, durante el sitio del Cusco la llegada del Corregidor de Paruro, al frente de 6 000 hombres, dio confianza a los defensores y produjo un profundo desaliento en el bando atacante.

Algunos caciques aparentaron colaborar con las autoridades, aunque ocultamente favorecían a los rebeldes. Uno de ellos fue Jacinto Inkillitupa, cacique de la parroquia de Hospital en el Cusco. Al producirse la prisión de Túpac Amaru, llevaba ya un largo encierro bajo acusación de ser disimulado partidario de los rebeldes. De igual manera, otros caciques de las parroquias cercanas recibieron edictos y cartas del caudillo sin dar el correspondiente aviso, cayendo bajo el rubro de "inquinados y consentidores".

Entre los numerosos caciques que abrazaron el partido de Túpac Amaru, merece especial mención doña Tomasa Titu Condemayta, cacica de Acos (Kispicanchis).

El caudillo distinguió siempre en forma especial a doña Tomasa, como lo indica el obispo Moscoso y Peralta. Existen cartas de la cacica que son un índice de su acusada personalidad y arrojo. Es célebre la heroica defensa del Puente de Pilpinte, que hizo con un exclusivo grupo de mujeres. La colaboración de doña Tomasa fue esforzada y nunca desmentida, al punto de acompañar a su principal jefe hasta el cadalso sin dar muestras de temor ni desmayo alguno.

Bibliografía

(1) pp. 12-6, 24-31, 156-72.
(6) pp. 35-52, 204-10.
(14) pp. 314-26, 333-50.
(13) pp. 142-86.
(51) pp. 411-20.
(62) pp. 93-165, 204-45, 31-77.
AMCDV, Nos. XIV, XVI.

VIII. CUSCO Y LA VICTORIA DE SANGARARA

CON EL polvo de los fugitivos, llegaban al Cusco las noticias del levantamiento el 12 de noviembre. La antigua capital del Tawantinsuyu era la segunda población virreinal. El clérigo Ignacio de Castro escribió en el siglo XVIII una *Relación* del Cusco,[1] libro todavía no superado, que introduce de manera apropiada en aquel ambiente histórico.

Cusco tenía cerca de 26 000 habitantes, en su mayor parte indios y mestizos, si bien su número había disminuido desde la famosa peste de 1720. Medía media legua de largo, estando cortado en dos partes iguales por el río Watanay. Existían seis puentes, "uno de tanta extensión y consistencia, que se ven situados sobre él con seguridad y desahogo muchas casas". Éstas eran hermosas, pero ubicadas en calles poco limpias. Tres eran sus principales plazas: la menor o *Wacaypata* o del Pregón de los Incas, donde está la catedral y la antigua iglesia de los jesuitas; la segunda, llamada del *Regocijo* "porque en ella son las fiestas y espectáculos públicos", lugar en que se ubicó el Ayuntamiento; y la tercera, denominada de San Francisco en honor a su convento. La ciudad contaba hasta con nueve templos, tres monasterios, cuatro hospitales y ocho curatos. En sus alrededores hasta siete leguas a la redonda se veían numerosas "quintas, muchas de ellas de magnificencia en edificios, jardines, flores, frutas, hortalizas, fuentes y cascadas de agua". Su principal comercio consistía en la venta de azúcar y telas, procedentes de sus ingenios y obrajes. Estos últimos decayeron más tarde por la ruinosa com-

[1] Fue publicada en Madrid el año 1795. Una edición completa, a base del manuscrito original, tengo en preparación.

petencia de los obrajillos o chorrillos, cuyos productos, de inferior calidad, eran más baratos.

La población se componía de cuatro castas: la *nobleza*, representada por unas pocas familias; la segunda "incluye personas de honor, lucimiento, comodidades, enlaces de estimación y empleos de aprecio"; los mestizos componían la tercera, mayor que las precedentes; la última estaba constituida por los indios y otras mezclas. Ésta rebasaba en número a las tres anteriores, predominando su lengua en la vida cotidiana. Afirma un educador de la época, que entre los pobladores descubríase marcada inclinación por la pintura y escultura. Existían muchos mendigos a pesar de la abundancia de trabajo, quizá como respuesta a la superlativa explotación de los dueños de obrajes e ingenios. La educación se impartía principalmente en el colegio mayor de San Bernardo, para la gente noble y principal, y en el de San Francisco para los hijos de los caciques con derecho a sucesión. Sólo funcionaba la Universidad de San Antonio, pues en 1767 fue cerrada la Universidad jesuítica de San Ignacio.

La inesperada noticia del levantamiento y ejecución del corregidor Arriaga, traída por el de Kispicanchis, Fernando Cabrera, y el cacique de Papres, Evaristo Delgado, obligaron al corregidor del Cusco, Inclán Valdez, a tomar medidas inmediatas, previo aviso al virrey para evitar futuros cargos. De primera intención se impartieron órdenes para defender la ciudad, constituyéndose una Junta de Guerra formada por militares, juristas, funcionarios y ricos comerciantes que dictaban las medidas más adecuadas a las críticas circunstancias. En la madrugada del día 13 se mandó un correo extraordinario al virrey Jáuregui. Análogas comunicaciones dirigirían el corregidor y el Ayuntamiento del Cusco nueve días después. Asimismo el obispo Moscoso y Peralta emitió auto para organizar tropas de eclesiásticos. Incorporó a los seminaristas mayores de 14 años y a estudiantes del Colegio de Caciques, reuniendo un contingente de más de 500 hombres. Además convocó al Cabildo eclesiástico y a otros miembros del clero. Durante la reunión el arcediano peninsular Simón Ximénez de Villalba, exaltado anticriollo, pidió que Túpac Amaru y sus principales partidarios fueran excomulgados. Pero el fiscal eclesiástico se opuso y adujo sólidas razones legales respecto a los indios. En cambio, el obispo remitió orden a los curas de Tinta y provincias cercanas para que permaneciesen en sus parroquias y diesen detallado aviso de los movimientos del caudillo so pena de excomunión. Como medida práctica e inmediata, propuso enviar sacerdotes que ensayasen hacer desistir de su intento al cacique alzado. El fiscal apoyó la iniciativa, siempre que los enviados portasen "una promesa seria de perdón". El obispo Moscoso y Peralta recalcó que enviaría al provincial mercedario fray Pedro de la Sota, con religiosos de otras órdenes, para reprocharle "su temeridad, ponerle en razón, contenerlo en su exceso y reducirlo a la obediencia".

Conocedor de estas decisiones, Túpac Amaru escribió a las autoridades eclesiásticas exponiendo que su movimiento iba precisamente contra el libertinaje imperante y en defensa de la tranquilidad pública. Paralelamente remitió un Edicto a los moradores del Cusco, sosteniendo que los inveterados abusos que sufrían no podían ser remediados con simples quejas ante los tribunales. La respuesta de las autoridades fue denunciar el maligno espíritu del caudillo, que traidor al rey mostraba una peligrosa astucia al solicitar ayuda a los propios eclesiásticos amenazados.

En el Cusco, los regimientos de infantería y caballería se acuartelaron en el antiguo Colegio de los Jesuitas. Fue nombrado comandante mayor de la plaza Joaquín Valcárcel, corregidor de Pacajes, a mérito de sus conocimientos militares y virtudes personales de mando. De inmediato fueron reunidos regular cantidad de fusiles, rejones, abundante pólvora, balas y unas pocas piezas de artillería. Como urgía poseer una mayor cantidad de material bélico, se designó un personal especializado. La construcción de rejones en forma de lazos subsanó, en parte, la alarmante carencia de fusiles. Las calles que daban acceso a la población estaban resguardadas con traviesas. Antiguos artilleros de la marina real fueron encargados de los cañones. Bajo la inspección de un oficial hacían el papel de instructores, dirigiendo asimismo la fundición y compostura de nuevas piezas. Hubo un servicio constante de vigilancia nocturna, con puestos avanzados, para interrumpir toda posible comunicación entre la ciudad y los rebeldes. Previendo cualquier intento de sedición interna, mandóse acuartelar a los indios nobles y caciques de las cercanías.

Como los acuerdos eran numerosos, debían permanecer en secreto y ser despachados con oportunidad y clara redacción, un oficial de alta graduación quedó a cargo de esta labor. La necesidad de un mayor número de armas y soldados veteranos determinó el envío de urgentes pedidos de auxilios a Lima. La Junta de Guerra recalcó el gravísimo peligro que amenazaba al Cusco, próximo a caer en manos rebeldes. A la vez solicitaba el inmediato auxilio de los corregidores de las provincias. Lampa fue señalada como lugar de concentración. Su corregidor recibió comisión especial de detener el Correo de Potosí, que con subidos caudales pasaría en dirección a Lima. En esos momentos los principales objetivos de la Junta de Guerra eran: iniciar una inmediata acción contrarrevolucionaria, obtener auxilio bélico y aprovisionar y defender la ciudad del Cusco. La alarma y profunda desconfianza inicial, empujaban a combatir el levantamiento antes de que adquiriera mayor vigor.

En la provincia de Tinta, después de la ejecución del corregidor, existía una clima de franca insurrección. Tungasuca se convirtió en el cuartel general de la rebelión. El armamento y disciplina de las improvisadas huestes iban en aumento, como preparación de acciones de importancia mayor. El caudillo tenía por lo menos 6 000 hombres, aunque difícilmente se descubrían 500 fusileros. Había ganado la parcial simpatía de algunas provincias, quizá la secreta colaboración de Tomás Catari en el Alto Perú; contaba con la cooperación de importantes familias indígenas nobles del Cusco y esperaba sacar partido del descontento existente entre los mestizos y otras castas menores. Como Justicia Mayor de Tinta fue nombrado Francisco Wambo Túpac, indio de Sicuani.

El 11 de noviembre, Andrés Castelo, enviado del caudillo, entró en Acomayo. Portaba un supuesto Bando del visitador Areche, convocándolos en Pomacanchi dos días más tarde. Concurrieron a la cita muchos indios y mestizos con hondas, palos y escopetas. Túpac Amaru distribuyó dinero, otorgando una paga de dos reales de plata a cada soldado y una donación de cinco varas de género y una frazada. Si había necesidad, podía doblarse el donativo. El caudillo actuó como juez real frente a las quejas de los obrajeros. Atestiguó el cacique Delgado haber ayudado a cortar los géneros para su distribución. Sin embargo, algunos caciques tuvieron reparos en obedecer, pero después cambiaron por temor a ser ejecutados. Alguno pensó en atentar contra la vida de Túpac Amaru. El cacique Juan Esteban Pacheco declaró haber tenido una pistola cargada "con la que fue su ánimo matar" al caudillo o prenderlo, porque se dio cuenta que era un rebelde. En cambio, Túpac Amaru trató con mucha amabilidad a los que le obedecían. A un grupo los invitó a cenar e hizo que bebieran vino. Durante la reunión trató de atraerlos a su partido, afirmando que haría "demoler todos los obrajes y destruir matando a los chapetones y correxidores".

La Junta de Guerra organizó de inmediato tropas armadas y las envió el día 14 contra el foco rebelde de Tinta. Su jefe fue el corregidor Cabrera. Otro contingente lo mandaba Tiburcio Landa, gobernador de Paucartambo. El grupo armado de criollos, mestizos y peninsulares estaba acompañado por los caciques fieles Pedro Sawaraura y Ambrosio Chillitupa, con más de un millar de indios y un grupo de negros y mulatos.

Por precaución, el día 17 de noviembre la Junta de Guerra ordenó al corregidor Cabrera detener su avance hasta recibir refuerzos para que marchase "con probabilidades de buen éxito, pues este primer movimiento de las Armas del Rey pide que se haga con la maior fuerza posible para no exponerlo á un suceso desairoso de pésimas resultas". Sin embargo, el corregidor de Kispicanchis desobedeció la orden y en lugar de hacer alto en el pueblo de Urcos determinó proseguir su avance. Forzando la marcha llegó a Sangarara en la tarde del 17. Tan imprudente decisión provenía de su incontrolado deseo de venganza, la seguridad de una fácil victoria y el exagerado menosprecio del poderío militar rebelde.

Las tropas del Cusco sumaban algo más de 1 500 hombres bien armados y alimentados. Como lo rápido de la marcha hubiese agotado a los soldados, ordenóse un prudente descanso antes de seguir a Tinta. Las tropas acamparon en la plaza. Fue voceado un Bando que prometía elevar la recompensa por entregar vivo o muerto a Túpac Amaru. Además del cacique de Sangarara, llegaron los de Acomayo, Pirke, Acos, Waiki, Rondocan y Pomacanchi "simulando estar por nuestra parte", siendo acuartelados de inmediato. El capellán de las tropas del Cusco, presbítero Juan de Mollinedo, ha dejado noticia sobre el consejo de guerra que se realizó aquella noche. Al saberse que Túpac Amaru avanzaba sobre Sangarara, opinó Landa que las tropas se parapetasen sobre un morro a espaldas de la iglesia, ventajosa posición que permitía dominar el camino por donde el enemigo forzosamente entraría. Cabrera contradijo este parecer y señaló la necesidad de fortificarse en la iglesia, cuyo cementerio estaba rodeado por una pared de arcos transformables en una sólida trinchera. Como es lógico suponer, la mayoría apoyó la idea del corregidor Cabrera y desechó el oportuno consejo de Landa. La confianza de aquél se acrecentó cuando los exploradores, después de un rápido reconocimiento del terreno, retornaron asegurando no existir peligro inmediato en muchas leguas a la redonda.

Lo cierto es que Túpac Amaru estaba muy cerca. Pronto atacaría "con una manga de indios y mestizos" calculable en 6 000 hombres, número que otros elevan a 10 y hasta 20 000. Con excelentes informes acerca de la situación y número de sus contrarios llegó, en rápida y sigilosa marcha, hasta las inmediaciones de Sangarara en la madrugada del 18 de noviembre. Los centinelas realistas lograron dar una tardía señal de alarma. El testigo Fernando Laureal, mensajero del corregidor de Paruro ante el de Kispicanchis, ha dejado noticia de lo sucedido. No encontrando a éste en Kikijana, pasó a Sangarara. Al llegar a las alturas del pueblo "se vio detenido por unos Yndios guardas, que havía en aquel lugar, y se quedó en compañía de ellos hasta las quatro de la mañana poco más o menos, y al raiar el día fueron bajando a dicho pueblo de Sangarara en compañía de los citados Yndios que le impidieron el paso aquella noche, y vio que Josef Gabriel Tupa Amaro se apareció en un caballo blanco acompañado de gente y que pegó fuego a la casa de un cacique de aquel lugar, y que dio unos gritos, a los que se juntaron en breve rato una multitud de Yndios que sercaron la tropa española".

Al descubrir el corregidor Cabrera que estaban rodeados, ordenó penetrar en el templo acompañados del cura de Sangarara, Domingo Sánchez de Alva, del capellán Mollinedo y de algunas mujeres aterrorizadas. Ingresaron con tanta prisa que algunos cayeron y fueron pisados y muertos. Por su bandera, muchos creyeron que los rebeldes eran indios fieles de Kikijana. A poco principiaron a caer piedras sobre los realistas, arrojadas desde atrás de una tapia que impedía ver a los ofensores. Momentos después, "más poseídos de miedo que resueltos a atacar al enemigo", mandaron un emisario a preguntar por sus intenciones. Túpac Amaru exigió que los criollos y mestizos pasasen de inmediato a sus filas donde serían amistosamente recibidos, porque sólo perseguía a los peninsulares. Los mestizos querían aceptar el perdón, mientras el jefe peninsular rechazó todo arreglo pasado en la rendición. Esto creó un gran desconcierto. Decidido al ataque, el caudillo notificó al cura de Sangarara que consumiese las hostias y abandonara la iglesia, reiterando su llamado a los mestizos. Al intentar separarse éstos, fueron muertos a sangre fría por los peninsulares. Tales excesos cometieron dentro del templo, que el propio párroco Sánchez de Alva, envió un mensaje secreto a Túpac Amaru para que diese fin a los sacrílegos desacatos.

Agotados los intentos pacíficos, comenzó el ataque contra el improvisado reducto. Entretanto los eclesiásticos realistas daban los sacramentos a su gente. Al comenzar la lucha, mientras la artillería de los sitiados carecía de espacio suficiente para actuar, los fusileros rebeldes de Tinta y Sicuani actuaban con eficiencia. Como explotara el polvorín de los defensores, voló parte del techo y se desplomó una pared. Por la inesperada brecha, la artillería realista casi logra dar muerte al caudillo. Enardecidos, los atacantes incendiaron lo restante del techo, luchándose con denuedo y desesperación por ambas partes. Carentes de auxilio, principiaron a caer los principales jefes realistas. Landa fue herido en la puerta de la iglesia y continuó luchando "hasta que las agonías de la muerte" lo obligaron a retroceder. El corregidor Cabrera, mortalmente herido, cayó al retroceder entre las llamas. Cosa igual les pasó a los caciques Sawaraura y Chillitupa. Quienes escapaban de las llamas, caían bajo los golpes de los soldados tupacamaristas. Tras seis horas de lucha, quedó decretada la completa derrota del ejército real. La mayoría de los indios se pasaron de bando y también los supervivientes negros y mulatos. Cundió cierta alarma entre los vencedores cuando corrió la voz que tropas leales se aproximaban. Un fugitivo afirmó, ante el obispo, que el temerario comportamiento del corregidor Cabrera fue uno de los motivos de la derrota, afirmación corroborada por otros testigos presenciales.

Un panfleto rimado decía:

La ciudad determinada *
a castigar la traición
destacó un escuadrón
de lucida gente armada.
En Sangarara atacada
por el rebelde y traidores,
entre sustos y temores,
los soldados perecieron,
porque a la iglesia se fueron
antes de ser matadores.

* Cusco.

Contra lo esperado, Túpac Amaru mandó curar a los heridos y los prisioneros recibieron un trato benévolo. El capellán de los vencidos obtuvo su libertad y el cura de Sangarara recibió dinero para la reconstrucción de la iglesia. Al conocer los hechos, el obispo Moscoso y Peralta aceptó la sugerencia del canónigo Ximénez de Villalba y excomulgó a Túpac Amaru y a sus partidarios, decisión que ocasionó la defección de muchos mestizos e indios.

Al día siguiente de la victoria de Sangarara, que el caudillo miró en lo sucesivo "como teatro de sus proezas", regresaban los vencedores portando un crecido botín. Fusiles, banderas, dinero y otros objetos incrementaban su arsenal de guerra. De manera especial este triunfo prestigió decisivamente al grito de Tinta y dio confianza a los rebeldes para nuevas empresas. Desde entonces el levantamiento adquirió importancia y alarmó a los virreyes de Lima y Buenos Aires. Afirma un testigo que Túpac Amaru se proclamó "Rey y anda con corona con su gente".

El caudillo vencedor descansó en Pomacanchi y de regreso atacó algunos pueblos semihostiles o indefinidos. Pero en sus posteriores comunicaciones, él lamentó siempre la muerte de los criollos y mestizos en Sangarara, "a quienes nunca ha sido mi ánimo se les siga ningún perjuicio, sino que vivamos como hermanos, y congregados en un cuerpo". Poco después el zambo Antonio Oblitas —antiguo esclavo y verdugo de Arriaga— pintó el retrato del prócer, a caballo y con vestiduras reales "para memoria de los Tupa Amaros" y que fuese conocido "en las Provincias y después embiarlo a España". Su precursor Bando antiesclavista y su decisivo triunfo de Sangarara, atrajeron a las filas del caudillo multitud de negros esclavos y mulatos libertos. Atestiguan los mercedarios fray Juan de Dios Pacheco y fray Francisco Xavier de Sotomayor que vieron en Tungasuca "muchos Negros, Negras, y Mulatos y Mulatas" que fueron del corregidor Arriaga o de los que "salieron del Cusco á la expedición de Sangarara". Paralelamente Simón Noguera, enviado de Túpac Amaru, distribuía en los pueblos del sur cartas y proclamas incitando a la rebelión. Pero el sobrino del caudillo terminó por ser apresado. Bajo el cargo de haber dirigido el asalto de varios obrajes, el corregidor de Lampa mandó procesarlo previo tormento. Condenado y ejecutado (4-XII-1780), fue el primer mártir oficial de la rebelión.

Ante la noticia de la inesperada derrota, el terror se apoderó de la ciudad del Cusco. Gentes de toda categoría iniciaron el éxodo de la población. La mayor parte del vecindario y aun ciertas personas de la Junta de Guerra huyeron en busca de lugar más seguro. El obispo Moscoso y Peralta acusó de cobardía al canónigo peninsular Ximénez de Villalba por haberse refugiado en Abancay, y escribía al visitador Areche: "Creo que no tardarán mucho en desampararnos enteramente, porque las infaustas noticias del primer combate, y las que esparce el enemigo, ya de sus esfuerzos, ya de sus promesas, desalientan al valeroso, abaten enteramente al tímido, mueven eficazmente al infiel."

En cambio, la Junta de Guerra perdía el tiempo en "etiquetas, discordias y desavenencias interiores". Para contener la huida, el corregidor Inclán Valdez prohibió abandonar el Cusco sin licencia especial y lanzó un Bando condenatorio de lo sucedido en Sangarara. Como premio a los leales, prometió exención de impuestos y una amnistía. Por entonces Túpac Amaru parece haber recibido muchas cartas de prominentes cusqueños prometiendo entregarle la ciudad, e intensificó su correspondencia con diversos caciques y nobles indígenas. Y en el Cusco corrió el rumor que el caudillo atacaría el Cusco durante la Pascua.

La reacción partió del clero, encabezado por el obispo Moscoso y Peralta. El 21 de noviembre llegó de Abancay el corregidor Villalta y se hizo cargo de la defensa militar. La ciudad se mantenía por varios días en constantes rogativas, actos que culminaron en una procesión "solemne de sangre y penitencia". Los templos estaban repletos de creyentes arrepentidos y los sacerdotes eran insuficientes para confesar a la multitud enfervorizada. Hubo jubileo, confesión y comunión, además de 40 días de indulgencia por cada día de asistencia a las misiones.

En la ciudad escaseaban las armas. Existían menos de 200 fusiles, 110 bayonetas, 230 rejones, 20 000 cartuchos, algunos pedreros y unos pocos cañones, escasa dotación de proyectiles, pólvora y un pequeño número de herramientas. Como respuesta al urgente pedido de auxilio, los corregidores y caciques comenzaron a remitir hombres, armas y víveres desde las provincias. El primero en acudir fue el Corregidor de Urubamba, con 800 hombres y unas pocas armas. Como parte de los refuerzos estaban destinados a incrementar la expedición de Sangarara, retrocedió y pasó al Cusco. Hay noticia de una carta de Julián Capetillo a Túpac Amaru, avisándole que la ciudad estaba sin armas y que atacase el Cusco sin distraer sus fuerzas inútilmente en las provincias.

La Junta de Guerra dudaba si sería conveniente combatir de inmediato a Túpac Amaru o quedar custodiando la ciudad mientras llegaban los auxilios pedidos a Lima. El obispo aconsejó lo segundo, para evitar un nuevo desastre que sería fatal. Su carta al virrey Jáuregui describe el lamentable estado de la población. Existía la constante amenaza de una deserción masiva de indios y mestizos. Por otra parte, llegaban noticias acerca de la habilidad del caudillo para atraer gente y su inflexibilidad para imponer castigos. Las tropas que le obedecían eran despedidas y llamadas según las circunstancias. Pero después del triunfo de Sangarara llegaron "mangadas de Yndios" de diferentes provincias, especialmente de Paucartambo.

Al mismo tiempo Arequipa se convirtió en refugio de los que huían por el sur, en mayor escala que Abancay. Al principio su corregidor Semanat escribió a un funcionario de Caylloma (24-XI-1780), poniendo en duda las noticias sobre la rebelión de Tinta traídas por un desertor. Aunque no dejó de remitir un pequeño auxilio por tener que cautelar la seguridad de Arequipa. Por igual motivo no envió soldados y armas a Lampa sin permiso expreso del virrey, a quien mandó aviso de los inusitados sucesos. Análogos avisos hizo llegar a los corregidores de Moquegua y Arica, afirmando que Túpac Amaru se había rebelado pretendiendo "despojar a Su Magestad de estos Reynos".

Bibliografía

AGI, Audiencia de Lima, Legajos 1039, 1040.
Audiencia del Cusco, Legajos 29, 30 y 31.
AHM, tomos I, IV, LVII.

(1) pp. 156-7.
(5) pp. 189-90, apéndice I.
(6) pp. 10-25, 133-4, 149-53.
(14) pp. 313-8.
(19) pp. 154-6, 508-9.

IX. CONTRAMARCHA AL SUR

TRIUNFANTE, Túpac Amaru decidió vencer la resistencia de los corregidores de las provincias meridionales, dominar el Kollao, el Alto Perú y la jurisdicción de Arequipa, es decir, una marcha progresiva desde los Andes al mar. De Sangarara pasó a Coporake, Yauri y Pichiwa. El plan general del caudillo consistía en sublevar a las poblaciones del sur, mientras su primohermano Diego Cristóbal invadía las tierras del otro lado del río Wilcamayo. Para triunfar definitivamente era necesario extender de manera previa el espíritu de rebelión y aumentar la cantidad de hombres y pertrechos de guerra. El ataque decisivo contra el Cusco sería una consecuencia de tales acciones. En cambio doña Micaela, con clara visión de las circunstancias, sostuvo la necesidad de avanzar de inmediato y ocupar el Cusco. Una *Relación* contemporánea señala con espanto cómo se propagó la rebelión, pues en "300 leguas que se cuentan de longitud, desde el Cusco hasta las fronteras del Tucumán en que se contienen 24 provincias, en todas prendió casi a un tiempo el fuego de la rebelión, bien que con alguna diferencia en el exceso de las crueldades". Levantamientos locales y desórdenes se registraron hasta Arica, en el litoral sur.

De primera intención el caudillo reunió numerosas "piaras" de mulas, cargándolas con azúcar, ropas y otros objetos necesarios. Como era tiempo de "salidas", fue posible detener a muchísimos arrieros y utilizarlos en trasladar los bagajes de la expedición. Emisarios especiales portaban noticias sobre la proximidad de su ejército, con el fin de preparar lo necesario para su estado en diversas poblaciones. Principal colaboradora de Túpac Amaru era su esposa doña Micaela, cuya sede constante estuvo entre Tungasuca y Tinta. Sus actos demostraron siempre capacidad organizadora y espíritu de empresa.

En su contramarcha el caudillo venció la resistencia del fiel cacique Sinanyuca, arrestado y entregado por el cacique rebelde Juan Wamani y 15 indios. Pasó luego a la vecina provincia de Chumbivilcas. Como su corregidor había huido, nombró a un funcionario con facultades especiales para que las faltas "de hurto, mentira y embriaguez" fueran castigadas con la pena capital. Este rigor moralizante proviene típicamente de la costumbre incaica. En su recorrido por Chumbivilcas recogió gran cantidad de metal para la fabricación de armamentos y colocó de funcionarios a gente de su confianza. Asimismo utilizó diversas tretas para la propagación de su causa. Por ejemplo, avisado por su esposa de la llegada de un enviado realista del Cusco, aconsejó pagar en su presencia con grandes cantidades de dinero a sus soldados "para que vaya a contar". Decidido a contrarrestar la desfavorable impresión producida por la excomunión que fulminó el obispo, ordenó que un grupo armado saliese a quitar los cedulones colocados por los eclesiásticos en diferentes pueblos. Y desde Tungasuca envió una proclama a los vecinos de Chumbivilcas (20-XI-1780), aclarando que su "ánimo es cortar el mal gobierno de tanto ladrón zángano que nos roba la miel de nuestros panales". Tres días más tarde pasaría de Velille a Condesuyos, Caylloma y Malpa con un poderoso contingente, dejando a una parte de su gente resguardando Tungasuca. Como Justicia Mayor de Livitaca nombró a Juan Zubizarreta.

Al tener noticia de movimientos militares en las provincias meridionales de Lampa y Azángaro (27-XI-1780), ordenó a su esposa colocar tropas en ciertos lugares estratégicos con el fin de evitar sorpresas. Por entonces Túpac Amaru estaba decidido a marchar de preferencia sobre las provincias del Obispado de Arequipa. Como en el sur los corregidores adiestraban a sus hombres con la esperanza de recibir refuerzos y armas del corregidor Semanat y colocar a Tinta entre dos fuegos, el caudillo decidió frustrar el plan y anticiparse al ataque de sus enemigos. Y en previsión de alguna inesperada ofensiva realista durante su ausencia, dio instrucciones a su esposa para que se retirase oportunamente conduciendo a sus hijos "Fernandillo y Mariano". El mayor, Hipólito, acompañó a su padre en la expedición al sur. Los corregidores Horé y Zata y Zubiría solicitaron urgente auxilio (2-XII-1780), preparando una concentración de tropas en el pueblo de Santa Rosa ante la noticia del arrollador avance tupacamarista. Entretanto, desde Yauri, el caudillo envió un Bando a los vecinos de Caylloma señalando las ventajas de abrazar su justa causa.

Túpac Amaru cruzó la frontera entre los virreinatos del Perú y Buenos Aires (7-XII-1780), mientras el Cusco era un hervidero de conjeturas sobre futuras decisiones del jefe rebelde. Por ejemplo, el obispo Moscoso y Peralta sostenía que, siendo uno de los principales propósitos de la rebelión destruir los odiados obrajes, el ejército enemigo incursionaría sobre la provincia de Paruro, importante centro textil, pasando luego a atacar el Cusco. Esto coincidía con el pensamiento de doña Micaela, pero era lo opuesto a la decisión de Túpac Amaru.

Al conocer las nuevas del levantamiento de Tinta, el corregidor Horé, de Lampa, solicitó inmediato auxilio de las provincias cercanas para construir defensas y detener la avalancha revolucionaria. El corregidor de Puno y el gobernador de Chucuito acudieron en su ayuda con un pequeño contingente, armas, municiones y pólvora. Las tropas reunidas en Lampa marcharían por el norte hasta el Cusco. Este plan inicial fue modificado y los jefes decidieron permanecer en actitud expectante en el pueblo de Ayaviri, donde se construyó un bastión bajo las órdenes del presbítero Chowewanca. Como jefe de los milicianos leales estaba Francisco Dávila, antiguo oficial de la marina real.

Para atemorizar a sus enemigos y ganarles la moral, Túpac Amaru mandó escribir una pretendida carta confidencial de un amigo al corregidor de Lampa. Avisaba que el cacique rebelde marchaba con 20 000 hombres, decidido a ahorcarlo como represalia por la muerte de su sobrino Simón Noguera. Esta noticia y el insistente rumor que pasaría hasta Arequipa, unido a la desconfianza creciente en la fidelidad de las milicias, decidió un cambio radical en los planes defensivos. Prudentemente los jefes determinaron retroceder y, contra el consejo del presbítero Chokewanca, ordenaron abandonar las defensas de Ayaviri. Según el nuevo plan, las fuerzas debían ser concentradas en un solo punto. Como hubo resistencia inicial a cumplir el mandato, recibieron nueva advertencia que fue obedecida con desgano porque existía el convencimiento de efectuar una resistencia victoriosa.

Al rebasar La Raya —límite entre ambos virreinatos—, Túpac Amaru penetró sin resistencias en diferentes poblaciones y llegó cerca de Ayaviri. Como los milicianos iniciaron su retirada con mucho retardo, gran parte desertó y fue a engrosar las filas tupacamaristas. Al penetrar los invasores en la ciudad, saquearon las propiedades de los peninsulares fugitivos y se apoderaron de las armas y municiones acumuladas para su defensa. Túpac Amaru determinó pasar a Caylloma y tomar el dinero depositado en sus cajas reales. Estaba en camino cuando noticias provenientes de Lampa lo decidieron a variar de rumbo. Tan decidido estaba el caudillo, que envió por delante tropa y servidumbre, avanzada que fue recibida en Caylloma "con festejos". Los mestizos, indios y criollos "estuvieron disponiendo caballos y sus casas para recibir" al victorioso caudillo. Las primeras noticias determinaron que el tesorero fiscal, Francisco Basadre, informase acerca de la entrada de Túpac Amaru y sus hombres en Caylloma. En realidad el caudillo sólo llegó a Coporake y de allí se desvió a Lampa para luchar contra el ejército de los corregidores. Aprovechando esos momentos de vacilación, el dinero de las cajas reales fue trasladado a la ciudad de Arequipa.

Nuevo punto de resistencia de los corregidores fue el pueblo de Cabanillas. Se ultimaban los preparativos cuando cundió el pánico en el comando realista, al saberse cómo los milicianos de Lampa no acudieron a la convocatoria. Y por temor a un levantamiento frente al enemigo, ordenóse que cada corregidor retornase a su jurisdicción. No hubo orden que se "obedeciese con más puntualidad, porque tampoco hubo otra que se apeteciese con más ansia". Pero como en sus respectivas provincias encontrasen poca seguridad, la mayoría marchó rumbo a Arequipa. Su corregidor, Semanat, habíase negado a enviar auxilios a las regiones amenazadas, tanto por carecer de fuerzas suficientes para su propia defensa cuanto por la noticia del envío de tropas ordenadas por el virrey Jáuregui.

Túpac Amaru continuó su victorioso avance, saqueando las pertenencias de sus enemigos. De Ayaviri pasó a Pucara, y el 9 de diciembre entró en Lampa, "donde lo recibieron con toda grandeza, y bajo de palio, como en otros pueblos". En aquel momento corrían muchos rumores. Unos aseguraban que el caudillo seguiría hasta Azángaro y de ahí pasaría a Potosí; otros, que pensaba retornar a Tinta. En Lampa saqueó la casa del corregidor Horé y le prendió fuego, como símbolo del castigo que hubiera sufrido su dueño de no haber huido. Cosa análoga sucedió con las propiedades de prominentes vecinos realistas. Todos los edificios fueron registrados, sacándose a muchos refugiados para distribuirlos en los diferentes cuerpos de milicias. La cárcel fue allanada, libertados los presos y quemado el edificio. El nuevo Justicia Mayor, Blas Pacoricona, recibió "severas órdenes para perseguir a sangre y fuego corregidores, chapetones y alcabaleros". Decidido a continuar, avanzó hasta Santiago de Papuja (provincia de Azángaro). Pero súbitamente decidió retroceder hacia Tinta y nombró Justicia Mayor a Juan Cavapasa. Antes de emprender el regreso, decidió castigar la defección del cacique Chokewanca. Una descripción del caudillo, siempre en su caballo blanco, menciona a dos hombres rubios a sus costados. Como Chokewanca y sus familiares habían escapado oportunamente, las tropas de Túpac Amaru cayeron sobre sus bienes, arrasaron sus haciendas y castigaron a sus criados que permanecieron fieles. Unos versos satíricos compendian los sucesos:

Fue a seducir los collados; *
los halló ya despoblados
de la milicia española,
porque Oré, Zata y Urbiola
que eran los corregidores **
prevenidos de temores
habían raspado la bola.

El corregidor de Arequipa avisó la reciente llegada del fugitivo corregidor de Lampa, atemorizado ante el amenazador avance de Túpac Amaru.

* Túpac Amaru.
** De Lampa, Azángaro y Carabaya.

Pocos días antes, la Junta de Guerra de Arequipa manifestó que no enviaría fuerzas a los lugares amenazados sin orden expresa de Lima, dado que eran muy necesarias en Arequipa "ya para su resguardo por lo que toca a los Yndios, ya por considerarse como llave para el resguardo igual de la costa, en caso de venir a ella los Yngleses, lo que en el día se revela, a lo que se agrega la circunstancia agravante de haber en estas Cajas reales" casi 300 000 pesos.

El pánico era creciente en el sur. Muchas familias de la villa de Puno se preparaban a huir de la población. El corregidor Orellana con sus milicias marchó a ubicarse en una posición ventajosa, exhortando a los vecinos para que persistieran en su fidelidad. Pero conocida poco después la sorpresiva de las huestes tupacamaristas, Orellana pasó a Arequipa en busca de refuerzos para organizar una defensa eficaz. Por entonces publicó su famoso Edicto a los vecinos de Arequipa (23-XII-1780), señalando el área territorial que dominaba (Paucartambo, Urubamba, Tinta, Chumbivilcas, Lampa, Azángaro, Carabaya, Puno, Chucuito y contornos), jurisdicción libre de "pechos" o impuestos y de mal gobierno. De paso publicó el ambicioso deseo de ampliar sus dominios hacia el occidente, es decir acercarse progresivamente a la costa. Muy particularmente recomendó a los arequipeños vigilar al "ladronazo de Semanat, y ver si lo pueden apresar y tener hasta mi bajada para darle el correspondiente castigo". En estos momentos se descubre la traición de uno de los corresponsales de Túpac Amaru en el Cusco: el escribano José Palacios, pues al declarársele oficialmente inocente señálase cómo las cartas que remitía al jefe alzado se las dictaba José Lagos, administrador de las Rentas reales.

Entretanto Diego Cristóbal marchó a las provincias nororientales con el firme propósito de ganarlas a la causa rebelde. Cumplida esta misión, pasaría a sitiar el Cusco. Afírmase que Túpac Amaru separó parte de sus tropas, las puso a órdenes de su primo hermano y lo comisionó para que invadiese dichas provincias cuyos pobladores "estaban ya de su parte", datos que el obispo Moscoso y Peralta confirma. A fin de neutralizar su estrategia, la Junta de Guerra del Cusco envió a un jefe para defender el asiento de Paucartambo y reclutar a la gente en estado de empuñar las armas. Como el peligro aumentaba, una compañía de milicianos. al mando del comandante Pérez Lechuga, marchó (8-XII-1780) conduciendo dinero y municiones. La importancia de Paucartambo radicaba en su producción de coca para uso cotidiano de los naturales. Los auxilios del Cusco lograron llegar con muchísima dificultad. El nuevo jefe incrementó las defensas de la ciudad y organizó nuevos contingentes para conjurar el peligro. En la parte de Calca y Urubamba los realistas obtuvieron una clara ventaja contra los rebeldes, gracias al pujante esfuerzo del cacique Pumacawa —el más destacado luchador antitupacamarista. Por su victorioso esfuerzo recibió del obispo Moscoso y Peralta indulgencia plenaria y una medalla, además de las felicitaciones de la Junta de Guerra.

La expedición al sur había proporcionado a Túpac Amaru un triunfo más psicológico que militar sobre el poderoso ejército de los corregidores. Usando de falsas noticias, hábilmente esparcidas, puso confusión y temor en las autoridades, mientras con seductoras cartas y proclamas ganaba la entusiasta adhesión de los pobladores. No culminó su campaña con la ocupación de la estratégica villa de Puno y de la riquísima Potosí, debido a las alarmantes noticias sobre preparativos bélicos de las autoridades del Cusco y el avance de tropas enviadas desde Lima para organizar un ataque masivo contra Tinta.

Bibliografía

AGI, Audiencia de Lima, Legajos 1039.
Audiencia del Cusco, Legajos 29, 30 y 31.
AHM, tomo 57.
AMCDV, nº III.

(1) pp. 60-62.
(6) pp. 156-210.
(7) pp. 9-153.
(19) pp. 509-10.
(51) pp. 417 *ss*.

X. MICAELA BASTIDAS

El papel que desempeñó doña Micaela Bastidas Puyucawa tiene capital importancia para conocer la rebelión de Tinta. Puede asegurarse que, desde el primer momento, ella fue el principal consejero de Túpac Amaru, junto al rumoreado Consejo de los Cinco. Y aunque el caudillo actuó mediante decisiones propias, por sus ideas e iniciativas aparece la figura de esta enérgica mujer con los caracteres de un personaje de valor innegable. Varios testigos en el juicio afirmarían que ella fue más cruel, rebelde, arrogante y despótica que Túpac Amaru, siendo en consecuencia más temida que jefe ninguno.

Doña Micaela consideró la ejecución del corregidor Arriaga como un mero hecho preventivo, porque éste pretendía asesinar a Túpac Amaru. Después del triunfo de Sangarara, ella sostuvo la urgencia de marchar sobre el Cusco y ocuparlo aprovechando del caos reinante. En cambio, Túpac Amaru se decidió a tomar una ruta opuesta e invadir previamente las provincias meridionales. Los sucesos futuros dieron la razón a la esposa del caudillo. El Cusco era lo primero, lo demás podía esperar. Pero Túpac Amaru pasó al sur y persistió en su avance, creyendo obtener una victoria fácil y decisiva.

Al partir quedó como jefe interino doña Micaela. Su incansable actividad para resolver problemas administrativos, tratar de catequizar a los caciques remisos, impulsar la propaganda, incrementar la tropa, reunir informes sobre las provincias amigas y contrarias, prueban lo acertado de su elección para un cargo de tanta responsabilidad y de tan devota lealtad. Como los traslados personales, envíos de mercancías y en general la circulación interior estaba reglamentada por salvoconductos y permisos especiales, doña Micaela los expedía en tono y estilo que no admitían confusión ni réplica entre los soldados o espías que los leyesen. Otorgaba todo género de documentos y respondía a variadas consultas administrativas y, cuando era necesario, ayudaba personalmente el reclutamiento de indios y mestizos. Por otra parte, sus múltiples ocupaciones no enervaban la actitud vigilante de que estaba poseída. Al tanto de lo que acontecía en las diferentes provincias aconsejaba, por ejemplo, a Túpac Amaru el inmediato envío de cartas y propaganda a los pueblos de la jurisdicción de Arequipa para atraerlos a su causa o que cortase determinado puente de una región estratégica, y así sucesivamente. En cierto momento (25-XI-1780) trasmitió noticias, captadas por sus espías, sobre preparativos de los milicianos de Lampa y Arequipa y señaló la posibilidad que tales movimientos estuviesen sincronizados con un ataque que partiría del Cusco.

La traición rondaba desde un principio al movimiento de Tinta. Informada doña Micaela de que algunos eclesiásticos escribían al obispo del Cusco, mandó cerrar sus iglesias para que no fuesen utilizadas como centros de actividad contrarrevolucionaria. Temperamento nervioso por excelencia, la posibilidad de una traición inesperada la torturaba más que el hecho mismo, la negligencia más que la propia derrota. Este carácter se infiere cuando escribe desde Tungasuca (6-XII-1780), manifestando cómo la pérdida de varias ocasiones magníficas de triunfo le "quitan la vida, que ni aun ya tengo carnes ni estoy en mi".

En guarda de posibles sorpresas, escribía a su esposo y a indios nobles de diversos pueblos. Y mientras doña Micaela daba continuos alertas, su esposo, confiado por el continuo aumento de sus hombres, le respondía que no tuviera "cuidado de nada, pues estamos seguros de todo, pero no será malo precaucionarnos de todo lo que ocurre". Al observar que las maquinaciones de individuos sospechosos escapaban a su vigilancia, pidió ayuda a Diego Cristóbal. Este deseo quedó incumplido, porque éste luchaba entonces al otro lado del río Wilcamayo.

El sistema de comunicaciones entre Tungasuca y los pueblos del sur marchó satisfactoriamente. Ella conocía las últimas noticias de lo que ocurría al caudillo, respondiendo de inmediato a sus pedidos de armas y dinero. Un excelente servicio de chaskis a caballo permitía aquella ininterrumpida comunicación, mientras diligentes arrieros cargaban en sus piaras los fusiles y cañones que debían ser trasladados en el momento oportuno.

Aunque doña Micaela, como cualquier otro jefe, acataba las órdenes de Túpac Amaru, su temperamento la empujaba a no abdicar de su iniciativa donde otra mujer hubiese encontrado campo poco propicio. En una carta de comienzos de diciembre manifiesta a su esposo haber incumplido una orden suya por haber ejecutado ya algo semejante y repetirlo sería poco práctico. En cuanto a otros aspectos complementarios, manifiesta que los realizará "cuando sea tiempo". Había que prestigiar el movimiento, administrar con tino el riesgo de rebelarse contra las autoridades reales mediante acciones dueñas de severidad y altura. Por esto afirmando que toda violencia innecesaria iba en detrimento del prestigio del movimiento, doña Micaela exigió la prisión de un jefe tupacamarista acusado de cometer caprichosos excesos. Opinó que en lo sucesivo no debía encabezar ninguna misión importante, "porque dirán que vamos en contra de todos". Hasta entonces doña Micaela tenía la seguridad de que su esposo regresaría de inmediato a Tungasuca y luego sitiaría el Cusco.

Su relación epistolar con otra enérgica mujer, la

cacica de Acos doña Tomasa Titu Condemayta, está llena de oportunas indicaciones para evitar sorpresas de los soldados cusqueños. Opinaba la cacica que con su contramarcha después de Sangarara, Túpac Amaru había dado tiempo e ímpetu a sus enemigos. Con recto criterio señalaba la ineptitud de cierto jefe nombrado en su jurisdicción, exigiendo fuese sustituido por otro que a su juicio tenía mayor capacidad de mando. Su valor destaca cuando, en el puente de Pilpinto, rechazó un ataque realista con un puñado de mujeres y obligó el envío de refuerzos desde el Cusco, según afirma una *Relación* de 1780. Por lo demás, la cacica Titu Condemayta auxilió con frecuencia al caudillo y ganó su confianza plena.

Como a pesar de sus promesas Túpac Amaru no retornaba a Tungasuca, doña Micaela reprochó su tardanza y negativas consecuencias. Con aguda perspicacia femenina añadía cómo la pesadumbre estaba por agotar su vida, sacudida por tan inconsiderado retardo mientras los enemigos del Cusco se fortalecían con grave peligro para la rebelión. Además, exponía las desastrosas repercusiones económicas de su retardo. Si se gastaba el dinero de la tropa en expediciones secundarias, faltaría éste en los momentos decisivos y "se perderá la gente que tengo prevenida para la bajada del Cusco". Y exasperada, recordando palabras muchas veces repetidas lanza enfática el consejo y el reproche, exigiendo a su esposo no demorarse "en esos pueblos donde no hay que hacer cosa ninguna".

Las críticas de ella no eran sólo contra desacuerdos en la prioridad del ataque o la lentitud de su esposo, sino también contra su excesiva confianza en momentos de excepcional peligro al haber sido puesta su vida a precio por las autoridades reales. Asimismo reprochó al caudillo que en su calidad de jefe supremo de la rebelión se pasease solo, con manifiesta temeridad, por las calles del pueblo de Yauri exponiéndose a ser asesinado. Sin embargo, a pesar de sus vigorosas críticas, hay en sus cartas notas de profunda y lacónica ternura. Por debajo de pasajeras discrepancias, Túpac Amaru era siempre su muy querido "Chepe". Y es que doña Micaela era la mujer que sabía ser también jefe, colaboradora y amante, actuando en todo momento con plena conciencia de sus múltiples responsabilidades. Para la iconografía del caudillo es decisivo el dato que ella aporta, al declarar que Túpac Amaru fue pintado a caballo por Oblitas y que ostentaba vestiduras reales del incario.

Con el fin de combatir la actitud equívoca de ciertos caciques del norte, envió cartas personales, por ejemplo, a los hermanos Núñez de la Torre, indicando las finalidades de la rebelión: abolir los Repartos mercantiles, reducir los excesivos impuestos y terminar con el trato social "de perros" a que estaban sometidos. Su propósito lo respaldaba con noventa mil hombres prontos a tomar posesión del Cusco, aparte de la secreta adhesión de los indios de la ciudad y de las parroquias cercanas. Apoyada en tales argumentos, instaba a los caciques de las diversas provincias que colaborasen sin vacilar. Entretanto debían realizar algo favorable en la medida de lo posible. A un sector aconsejó quemar el puente del río Apurímac "para que no safen los chapetones para Lima". Ante insistentes pedidos de ayuda de los indios rebeldes de Paruro, doña Micaela avisó al caudillo que pasaría con sus tropas a darles amparo aunque muriese en la empresa por culpa de su retardo. Y considerando un inútil derroche de tiempo en el sur, enumera los trabajos que ha cumplido mientras él con su lentitud daba "tiempo a los enemigos, para que se armen y hagan destrozos con nosotros".

La cordura de sus acciones confirió a doña Micaela

un gran prestigio entre los suyos, como es notorio en los textos de numerosas cartas enviadas por caciques, gobernadores y particulares. En ellas más que a la esposa del jefe se dirigen a la autoridad superior, a la "Reina" y le solicitan consejo para resolver diferentes problemas. Las misivas procedían de pueblos de las diferentes provincias, sincerándose de acusaciones infundadas, consultando ciertos asuntos administrativos, dando noticias sobre envíos de hombres o movimientos sospechosos, remoción de autoridades o apoyo económico, atendidos invariablemente con justo criterio y raro tacto psicológico.

La insistencia de la esposa del caudillo en señalar el peligrosísimo error de prolongar su estada en los pueblos del sur, produciría sus frutos. La carta decisiva del súbito regreso de Túpac Amaru desde Lampa fue escrita en Tungasuca (10-XII-1780). Comienza avisando la traición y arresto de uno de sus partidarios. Sigue con la decisiva noticia de haber salido del Cusco un poderoso contingente por tres rutas distintas, aprovechando su ausencia para caer sobre Kikijana y pasar seguramente hasta Tungasuca. Finaliza dicha carta con un llamado pleno de urgencia: "y así apura los pasos". De antemano segura del efecto, activó el enganche de nuevos contingentes. Para inclinar favorablemente a los caciques, recalca el formidable poder del ejército rebelde y el plan de marchar de inmediato sobre la ciudad imperial. La nota religiosa es dada, cuando señala cómo los nuevos soldados "han de venir con una cruz en la montera o sombrero por insignia de buenos cristianos". Hasta la víspera del retorno de Túpac Amaru, ella estuvo en pueblos cercanos "haciendo más gente" por parecerle insuficiente la que había enrolado.

El regreso del caudillo significó un tardío triunfo de su esposa. Por esto, en una carta a la vez que le da noticias de lo bien defendido que ya estaba el Cusco, agrega con tajante franqueza no ser él sujeto de darles avances. Iniciada la expedición contra el Cusco, doña Micaela marchó a Sangarara y después a Yanacocha. Cuando fue levantado el sitio del Cusco, siguió desempeñando el papel de principal colaborador de Túpac Amaru. Trasladó su residencia de Tungasuca a Tinta, desde donde atendía todo género de asuntos administrativos y bélicos. Esta estrecha colaboración y justa crítica cuando era necesario, continuó siendo la nota distintiva de su carácter hasta que la traición la hizo también su víctima y probó su noble temple espiritual.

Bibliografía

AGI, Audiencia de Lima, Legajos 1039, 1049.
Audiencia del Cusco, Legajo 32.

(7) pp. 9-153, 156-85, 188-205.
(45) pp. 117-25.

XI. ORGANIZACIÓN MILITAR

La rebelión de Túpac Amaru fue una aventura heroica. El plan resultó más extenso que los medios y rebasó la capacidad de dirección del caudillo. Hay varios hechos procedentes y concomitantes cuyo examen permite comprender tales afirmaciones.

Al iniciarse el siglo XVIII el abandono militar de las colonias rayaba en lo increíble, sobre todo en la jurisdicción del extenso virreinato del Perú, cabe decir en la mayor parte de América del sur. Todavía cuando el vicealmirante inglés Anson se apoderó, por breve tiempo, del puerto de Paita (24-XI-1742), cuéntase que el oficial real Nicolás de Salazar, desde un pequeño fuerte y con ayuda de un solo esclavo negro, logró disparar dos tiros contra el enemigo, cargando "los cañones con pesos fuertes por falta de munición". Unos pocos y malogrados arcabuces existentes, fueron usados como espantajos contra los asaltantes. Improvisados milicianos, a quienes precedía el sonido de numerosos tambores, obligaron desde lejos al reembarque del invasor, incapaz de sospechar tamaña supercheria. Esta deficiencia en los armamentos estaba parcialmente resuelta por los años de 1779, cuando se inició una nueva guerra contra la Gran Bretaña. Entre los pobladores, una minoría de peninsulares y criollos poseían escopetas. Para los indios existía prohibición expresa de usar armas ofensivas o defensivas. Precisamente esta carencia de elementos bélicos fue uno de los más grandes obstáculos con que tropezó Túpac Amaru.

Otro factor desfavorable estuvo en la falta de colaboradores idóneos. El cacique mestizo Túpac Amaru careció de dogmatismo racial. Así lo confirma la lectura de sus papeles, dirigidos a la totalidad de sus compatriotas "como nacidos en nuestras tierras y de un mismo origen de los naturales, y haber padecido todos igualmente dichas opresiones y tiranías de los europeos". Aquí involucra a todos los hombres de buena voluntad, "españoles, criollos, mestizos, zambos o indios", llamando de preferencia a los que poseyeran conocimientos militares. Frente a esta actitud sus principales jefes muestran una marcada tendencia racista o estaban cegados por el afán de la venganza. La masa movíase por sacudir un pesado yugo detestable, incrementado por el incentivo del saqueo y botín. Grandes excesos fueron cometidos contra sectores altamente considerados, fomentando la ruina de una causa naciente con múltiples posibilidades, cuyo objetivo inmediato era la extirpación de las malas autoridades y excesivos impuestos.

El anónimo autor de una Relación acerca del movimiento de Tinta manifiesta, con marcada penetración, que las actitudes personales del caudillo "lo hacían menos aborrecible que a sus capitanes, los cuales llenos de ferocidad no conocían otra providencia que el cordel o el cuchillo". Cuando Túpac Amaru censuró la crueldad de algunos, recibió como respuesta —según el Anónimo— que el exceso de muertes estaba justificado. Pues si quedaban rezagos de razas que tuvieran mezcla española, los indios continuarían esclavizados. El jefe rebelde por toda contestación manifestó lo negativo de esta actitud, agregando ser todavía inoportuno expresar un franco separatismo.

Iniciada la rebelión, el cacique Túpac Amaru debió improvisar todo. Carecía de armamentos necesarios, hombres disciplinados y conocimientos militares suficientes, hecho típico en los jefes de movimientos sociales análogos. Como elementos favorables tenía el profundo descontento público ante la cotidiana extorsión de las autoridades, el prestigio de su apellido imperial y el sagaz aprovechamiento de la sorpresa que su movimiento debía causar entre las autoridades reales. Contemplado el movimiento en su totalidad, aparece claramente cómo el plan del jefe rebelde, apuntando hacia una dirección constante, sufrió alteraciones según las exigencias del momento. La decisión de rebelarse maduró en el espíritu de Túpac Amaru y, sólo en última instancia, fue conocida por una pequeña minoría evitando el mortal peligro de una delación prematura. Pero la defección de ciertos caciques principales le restó notorio empuje. En su deseo de fortalecerse y evitar un fatal descalabro inicial, decidió realizar expediciones a lugares cercanos. Un episodio típico fue la marcha y ocupación de Kikijana.

Habiendo incrementado el número de sus hombres y armas, Túpac Amaru siguió atentamente los movimientos del enemigo del Cusco mediante sus numerosos espías. Durante este lapso el jefe principal procuró disciplinar a sus improvisadas huestes, distribuyendo los escasos fusiles de preferencia entre los mestizos, más familiarizados con el uso de las armas de fuego. Al conocer la marcha de tropas bajo las órdenes del corregidor Cabrera, aprovechó su conocimiento del terreno y las detalladas noticias que recibía sobre los desplazamientos del enemigo para atacarlos y vencer por sorpresa en Sangarara, tomando un "crecido despojo de armas". Y aunque militarmente no fue una batalla de grandes proporciones, constituyó un triunfo decisivo para el futuro de la rebelión. Cuando se desparramó la noticia de esta victoria inesperada, la gente sintió llegar un cúmulo de presagios favorables y el entusiasmo del pueblo despertó con vigor y rapidez desconcertantes. Sin embargo, esta victoria local no envaneció al caudillo sino que, por el contrario, lo hizo más cauto. Entonces decidió adoptar un plan de lucha opuesto a la opinión de su esposa doña Micaela, dueña de una mayor visión circunstancial de las operaciones.

La situación en aquel momento era de un gran desconcierto, de pánico entre los pobladores del Cusco, como consecuencia de la derrota ocurrida en Sangarara. Algunos caciques se mantenían leales al sur de Tinta y en la parte limítrofe del Virreinato los corregidores reunían fuerzas con el fin de atacar a Túpac Amaru. Para contrarrestar estos planes de sus enemigos resolvió atacarlos en la región meridional. Con esto aumentaba el número de sus hombres y armas y consolidaba la disciplina, tratando de capitalizar en favor suyo el caos inicial del Cusco.

De manera simultánea envió tropas hacia las poblaciones de la otra banda del Wilcamayo, bajo el comando de Diego Cristóbal. Al retornar fortalecido del sur atacaría en colaboración con su primo hermano —ya vencedor. La posesión del Cusco aseguraba el triunfo inicial del movimiento.

Tácticamente, doña Micaela era opuesta a esta manera de pensar. Aprovechando la confusión reinante, debía atacarse de inmediato y con vigor esa población, hiriendo de muerte el centro del poder enemigo. Esto representa evidentemente un punto de vista de mayor riesgo. Cualquier retraso favorecía a las autoridades y amenazaba hacer muy difícil si no imposible la victoria. La superioridad de los realistas cusqueños en armas y jefes militares aparecía disminuida por la sorpresiva derrota de Sangarara, estado psicológico que al desaparecer sería reemplazado por una poderosa reacción armada. El probable plan de los rebeldes —señalado por el obispo Moscoso y Peralta— era opuesto al del caudillo y coincidía más bien con el de su esposa.

Sin contradecir abiertamente a doña Micaela, Túpac Amaru avanzó hacia el sur pero prometió retornar de inmediato y atacar el Cusco. Sin embargo, apoyándose en noticias sobre preparativos militares de los corregidores de las provincias meridionales, persistió en continuar su marcha. Cuando las noticias sobre los preparativos de las autoridades cusqueñas se hicieron tangibles, Túpac Amaru comprendió el error de haber malgastado momentos preciosos y retornó rápidamente a Tungasuca. Esta rectificación tardía encontró a los enemigos ya preparados para una victoriosa defensa y llenos de una confianza inexistente un mes antes.

Ya en Tungasuca, Túpac Amaru reorganizó sus fuerzas, aumentó la cantidad de sus armamentos, mandando fundir pequeños cañones, rejones, machetes, cuchillos y otros artefactos en su fundición de Tinta. Pero la principal debilidad de sus huestes estaba en el escaso número de sus fusiles, deficiencia que nunca pudo ser remediada satisfactoriamente. Cuenta el presbítero Sawaraura cómo gracias a la iniciativa de los indios de Lares se fabricaron fusiles de madera forrados con pieles, artefactos que necesitaban de dos hombres para disparar. En cambio, los rebeldes sí poseían una aceptable artillería.

El español Juan Antonio Figueroa fue uno de los hombres más importantes en las filas rebeldes. Capturado al comienzo del movimiento, se convirtió en colaborador inapreciable pero de insegura lealtad. Dados sus conocimientos en el manejo y compostura de cañones y fusiles, sus servicios eran solicitados en forma ininterrumpida, como consta de la correspondencia entre el caudillo y su esposa.

Cuando Túpac Amaru ordenó la marcha hacia el Cusco contaba con el auxilio complementario de Diego Cristóbal, hecho que no pudo realizarse por la forma en que el movimiento se desarrolló. La esperanza de un levantamiento interno en el Cusco quedó asimismo burlada. Y para colmo de males llegó desde Lima, con fatal oportunidad, el coronel Avilés con hombres y armas. Por otra parte, apareció el temible y fidelísimo cacique Pumacawa y, poco después, numerosos contingentes de indios auxiliares, dirigidos por corregidores y otros caciques contrarrevolucionarios. Y como si todo esto fuera insuficiente, el español Figueroa comenzó a desarrollar un disimulado plan de traiciones, neutralizando las ventajas de su artillería. A esto podría añadirse, en los últimos meses, continuas deserciones de los indios.

Tantos factores negativos hicieron que Túpac Amaru mezclase los ataques con las negociaciones, ante la vana esperanza de una posible rendición pacífica. Fracasadas sus tentativas, en lugar de empeñarse en una acción decisiva, decidió retirarse con un ejército poderoso proponiéndose reiniciar el asedio cuando desaparecieran algunos motivos de estrategia.

Desde entonces la figura de Túpac Amaru se torna militarmente borrosa y su posición adopta una marcada tinte defensiva. La razón fundamental de la retirada fue saber que tropas del virrey de Buenos Aires habían llegado a La Paz y podrían seguir en dirección a Puno, quedando colocado en una tenaza realista. También debió influir la noticia de la muerte de Tomás Catari.

Vuelto a la provincia de Tinta, la iniciativa pasó a manos de sus enemigos. Túpac Amaru incrementó las defensas en su bastión principal, ubicado en el pueblo del mismo nombre, y organizó grupos armados para luchar contra las diversas columnas enemigas. Su principal factor estaba en la sorpresa, dentro de un medio geográfico que conocía con minuciosidad. Pero los auxiliares indios y mestizos fieles evitaron que el plan defensivo rebelde diese frutos. Por el contrario, cortaron la retirada del caudillo, que terminó por persistir en su táctica defensiva a la espera de un afortunado golpe de sorpresa.

Bibliografía

AGI, Audiencia del Cusco, Legajos 29, 30, 31, 32.

(1) pp. 19-20, 156-72.
(6) 99, 165-73.
(7) pp. 43-66.
(14) pp. 309-16, 338-53.
(13) pp. 171-203.
(19) pp. 507-22.
(79) pp. 202-19.

XII. MEDIDAS DEFENSIVAS

Entretanto los defensores del Cusco tenían ante sí un panorama diferente. Aducía el virrey Jáuregui la tesis de no sostener milicias permanentes en las provincias del interior, porque ni era fácil constituirlas ni mucho menos conveniente "a causa de que casi todos son indios y mestizos". Al organizarse los primeros grupos armados, sus oficiales carecían de hombres disciplinados y preparados. De primera intención actuó una Junta de Guerra inepta, cuya vacilante dirección con sus improvisadas huestes determinó el desastre de Sangarara. Aunque después aparecieron otras animosas, el clero aportó su contribución económica y de guerra y los caciques fieles ofrecieron hombres, alimentos e indicaciones oportunas como inigualados conocedores de la región.

La derrota del corregidor Cabrera ocasionó pánico entre los pobladores del Cusco. Por instantes esperaban noticias sobre el avance de los saldados de Túpac Amaru. Una parte de los aterrorizados vecinos comenzó a salir de la ciudad por el camino de Lima, aumentando así el desconcierto ya existente. Y en aquella ciudad conmovida abundaban los espías tupacamaristas, "no siendo fácilmente reparables por su carácter, y traje común", como afirmaba un testigo contemporáneo.

Los corregidores de las provincias comenzaron a remitir ininterrumpidos auxilios. Uno de los primeros jefes militares que llegó al Cusco fue Campero (21-XI-1780). Inició la organización defensiva y recibió la jefatura de la plaza. Villalta era nombrado Inspector General, mientras Joaquín de Valcárcel tomó el cargo de comandante general de los cuarteles de la ciudad. De Paruro llegaron 1 300 hombres, capitaneados por su corregidor Ruiz de Castilla, con la misión de engrosar la expedición que marchaba al sur, unión inefectuada por el desastre de Sangarara. Acatando una nueva orden, retornaron a su provincia de origen para preservarla de una posible invasión. Esta decisión permitió defender en forma positiva aquella provincia. Desde Paucartambo llegaron hombres escogidos, armados de escopetas, espadas y rejones. El corregidor de Calca envió 500 milicianos con armamentos escasos. Las tropas enviadas desde Urubamba fueron devueltas a su lugar de origen, porque la Junta de Guerra del Cusco tenía noticias ciertas acerca de un intento de invasión enemiga. Pero la más importante contribución por su calidad, armamentos y espíritu combativo estuvo representada por Manuel de Villalta, corregidor de Abancay. Portando armas de chispa y rejones, sus hombres desfilaron por las calles de la ciudad correctamente uniformados y exhibiendo una gran disciplina. Las sobresalientes condiciones personales de Villalta le hicieron destacarse nítidamente en estos momentos iniciales y desempeñar papel importante en la defensa del Cusco. En contraste con la Junta de Guerra, cuyos componentes carecían en parte de conocimientos militares, él actuó con energía y acierto. Como sus acciones eran frecuentemente trabadas por la Junta el obispo Moscoso y Peralta llegó a sugerir al virrey Jáuregui que otorgase al corregidor de Abancay plena independencia en la dirección de las operaciones. Villalta desde un comienzo recibió orden de investigar la sospechosa conducta del abogado Domingo Astete y del escribano José Palacios, presuntos aliados de Túpac Amaru en el Cusco. Asimismo por ciertos indicios, se mandó al corregidor de Ica detuviese en Nazca a Gregorio Mabeli y Artemio de la Cámara y verificar en Lima si estaba comprometido el indio Miguel Gutiérrez, sargento mayor del Regimiento de naturales, corriendo por vía reservada otras averiguaciones en Arequipa.

Con los hombres y armamentos reunidos y fabricados, Villalta se encargó de constituir seis compañías, empleándolas por turno en los servicios de guardia. La inspección general de las tropas corrió también a su cargo, mientras otro jefe se ocupó en reparar las armas que se deterioraban y recibió las enviadas desde las provincias. En el Cusco se constituyó una compañía de mulatos libres y otra de gente criolla "española". La Compañía que gozó de mayor confianza entre las autoridades fue la del comercio. Estaba constituida por individuos de la clase privilegiada peninsular, utilizada preferentemente en las guardias nocturnas o en comisiones de gran responsabilidad. Los nobles pidieron formar una Compañía especial, sirviendo sin distinción de edad o merecimientos, bajo el comando del Conde de Vallehermoso. Los jefes principales o vecinos más distinguidos recibían como un honor, la tarea de vigilar los puestos militares, cuarteles y barrios. Los indios nobles también formaron otro cuerpo especial y se constituyó un nuevo contingente con el resto de los indios fieles. Fue creado un cuerpo de caballería ligera por voluntarios españoles y mestizos, cuyos miembros contribuyeron con caballos y mulas propias, bajo el mando de un jefe militar. Ningún vecino importante dejó de manifestar su "buena voluntad" para cooperar en la defensa de la población.

Las autoridades no perdían ocasión de recoger y ejecutar todo pensamiento útil para la defensa. En muchos casos debían vencer la obstrucción que, inadvertidamente, efectuaban algunos por negligencia o ignorancia. Tomóse minuciosa cuenta de las provisiones existentes y se mandó acumular nuevas cantidades en previsión de un posible sitio, tarea encomendada a dos Alcaldes Ordinarios con severas instrucciones de denunciar todo suceso sospechoso. Los vecinos tenían orden de recoger gran cantidad de piedras y depositarlas en sus balcones y ventanas para repeler cualquier inesperado ataque.

La población del Cusco aumentaba con increíble rapidez. Muchos individuos fugitivos de otras poblaciones amenazadas buscaron asilo en la ciudad. Llegaban aterrorizados por la violencia de los indios, deslizándose entre ellos numerosos espías rebeldes. Este exceso de refugiados trajo complicaciones, sintiéndose notoria carestía y amagos de hambruna. Los calabozos y cárceles improvisadas eran cada día más abundantes y no alcanzaban para encerrar a los prisioneros traídos de las provincias y a individuos sospechosos capturados en la ciudad o sus cercanías. No dándose abasto los funcionarios judiciales ordinarios, se nombraron comisiones especiales para juzgar y sentenciar a los numerosos detenidos.

En aquellos momentos ya el Cusco estaba defendido por más de 3 000 hombres. Las tropas se reunían diariamente en la plaza mayor, frente al lugar donde estaba ubicado el cuartel general, contestando a las listas de reglamento, mientras dos oficiales distribuían las órdenes superiores y vigilaban su estricto cumplimiento. La vista de tan crecidas fuerzas y el buen grado de su disciplina, contribuía a mejorar el estado de ánimo de la población. En lugar del primitivo desaliento, brotó un optimismo general que se expresó en un deseo creciente de combatir. Sin embargo, en el interior del Cusco existían poderosos personajes emboscados que esperaban el ataque rebelde y su éxito para levantarse de inmediato y desorganizar las defensas. Por entonces el obispo Moscoso y Peralta publicó su "Carta Pastoral" (14-XII-1780), dirigida al clero de las provincias exigiendo fidelidad, y la Audiencia de

Charcas daba aviso al rey sobre el estallido de la sublevación de Tinta. Gran alarma se produjo cuando, a dos leguas del Cusco, surgió un brote rebelde (21-XII-1780), debido a las seductoras promesas "de algunos indios forasteros". Un destacamento de milicianos, civiles y eclesiásticos marchó con rapidez y sofocó aquel conato antes de que adquiriese mayores proporciones.

Entretanto el virrey de Lima, Agustín de Jáuregui, y el virrey de Buenos Aires, Juan José de Vértiz y Salcedo, no permanecían inactivos. Directamente amenazado el primero, reaccionó de inmediato ante las inesperadas comunicaciones llegadas del Cusco, mientras el segundo confirmó el nombramiento que la Audiencia de Chiquisaca hizo en la persona de Ignacio Flores, jefe principal de las tropas del Alto Perú y le añadió facultades extraordinarias. También nombró a José Roseguías, que iba a tener un desempeño destacado contra los rebeldes de la jurisdicción de ese Virreinato. El virrey Agustín de Jáuregui y Aldecoa (1780-1784) había servido a dos monarcas anteriores (Felipe V y Fernando VI). Su destacada actuación en las luchas contra los ingleses en América Central y contra los portugueses del Brasil, le proporcionaron ascensos a los más altos grados. Nombrado Capitán General de Chile, su eficiente administración determinó que fuese nombrado virrey del Perú, uno de los más codiciados cargos de las Indias Occidentales. Al entrar en Lima, a mediados de 1780, encontró una multitud de problemas en la capital y sus provincias. El país estaba revuelto por continuos conatos rebeldes y asonadas, la recaudación de las contribuciones atrasada, inflados los gastos militares y en general reinaba un agudo malestar social. Externamente, España estaba en guerra contra los ingleses y debía defender el extenso litoral del Virreinato y de la Capitanía General de Chile sin contar con medios suficientes.

Jáuregui falleció en Lima el año 1784, atacado por una repentina dolencia, siendo enterrado en el templo de Santo Domingo. La familia del virrey quedó oficialmente en tan estrecha situación económica, que Carlos III concedió a su viuda, por una sola vez, 20 000 pesos "para que pueda ocurrir a sus grandes urgencias y la dilatada familia con que ha quedado". (Sin embargo, en el navío "San Pedro Alcántara", que naufragó en las costas de Portugal, iban cinco millones de pesos remitidos a la metrópoli como fortuna personal de Jáuregui.)

Lima, la plácida capital del virreinato peruano, recibió las primeras noticias del levantamiento a la medianoche del 24 de noviembre. La inaudita osadía de los vasallos rebeldes de Tinta puso en conmoción a sus pobladores, como sucedía al saberse la cercanía de piratas en las costas, la llegada de un virrey, de un arzobispo o celebrar el casamiento o nacimiento de los miembros de la realeza. Roreada por una muralla de 35 baluartes, la Ciudad de los Reyes albergaba una población de 54 000 habitantes: 18 000 españoles, 2 000 indios y 34 000 mestizos, negros, zambos y mulatos.

Convocada de inmediato una Junta de Guerra (7-XII-1780), acordóse que el virrey Jáuregui permaneciese en Lima dirigiendo el plan contrarrevolucionario y estuviese atento al desenvolvimiento general de los sucesos. El visitador Areche se ofreció a encabezar la expedición militar, pero el mariscal de campo José del Valle y Torres, Inspector General de las Armas del Perú, contradijo su pretensión alegando que le correspondía la jefatura por ser la más alta autoridad específicamente militar del Virreinato. Jáuregui solucionó el problema delegando sus poderes en el Visitador, nombrando jefe militar de la expedición a Del Valle y asesor jurídico al oidor Benito de la Matalinares. Las decisiones se publicaron por Bando de nueve de diciembre.

El visitador José Antonio de Areche estuvo en México y pasó como Visitador al Perú, Chile y Buenos Aires, antes de la separación del Virreinato del Río de la Plata, entrando en Lima a mediados de 1776. De inmediato creó nuevos impuestos y refundió otros y, en general, transformó el procedimiento de recaudación, logrando aumentar las entradas reales y el malestar general de la población. Llamado a España fue reemplazado por Jorge de Escobedo en el cargo de Visitador. Enjuiciado por el virrey Guirior, a quien hizo deponer mediante cargos calumniosos, fue obligado a dar satisfacciones y abonar una indemnización a sus familiares. El rey ordenó que residiese fuera de la Corte.

El virrey avisó (28-XI-1780) que el coronel Gabriel de Avilés saldría de inmediato con una avanzada de 200 milicianos pardos, 409 fusiles y 12 000 cartuchos. Tenía órdenes para enrolar gente del camino y, si fuera necesario, llevar un contingente de Arequipa, por cuya ruta se pensó avanzaría el grueso del ejército que saldría posteriormente. Como Justicia mayor interino de Tinta fue nombrado Francisco Suárez de Salcedo. Y decidido a calmar la efervescencia popular, Jáuregui publicó un Bando suprimiendo los Repartos mercantiles y creó una Sala de Desagravios, servido por oidores, para cautelar su cumplimiento.

Atemorizadas ante las noticias del rápido avance de Túpac Amaru, las autoridades del Cusco enviaron repetidos emisarios urgiendo la llegada de soldados y armas a fin de evitar un desastre irreparable. Ante las tales exigencias, Avilés forzó el avance de las tropas de auxilio por la vía de Huamanga, pese a las limitaciones de sus medios de transporte, pésimo estado de los caminos y estar sobrecargado con doble equipo de campaña. La final insistencia del obispo Moscoso y Peralta hizo que las tropas de auxilio penetraran en el Cusco (1-I-1781), un día antes que Túpac Amaru iniciase el cerco de la ciudad. De inmediato el corregidor Villalta le entregó la dirección militar. El arribo de tropas perfectamente armadas, bajo las órdenes de un oficial de ejército de alta graduación, determinó el paso de la fase defensiva a la ofensiva en el campo realista.

Acompañó al coronel Avilés el protomédico Juan José Frile, adquiriéndose medicinas y utensilios para su botica volante por valor de tres mil pesos. El "Estado o Relación de las Medicinas" adjunta una lista, con sus cantidades y precios, de las "Aguas, favores, electuarios y extractos, píldoras, sales, tinturas y espíritus, flores, bálsamos, polvos simples, scarótivos y mercuriales, aceites, ungüentos, emplastos, raíces" y otros objetos complementarios.

Mientras la avanzada militar de Lima entraba en el Cusco, el grueso del ejército con 400 soldados veteranos y milicianos, al mando del mariscal de campo Del Valle partía de Lima (20-XII-1780), portando armas y pertrechos para la infantería y cañones. Llevaba órdenes de aumentar sus efectivos a lo largo de la ruta. Las tropas debían pasar por Arequipa y poner orden en las provincias levantiscas. Esta ruta fue objetada por el obispo Moscoso y Peralta (20-XII-1780), quien envió como mensajero al eclesiástico Nicolás de Oré. Tenía la orden de forzar su marcha y alcanzarlo "en las inmediaciones de Ica desde donde si lo halla por conveniente podrá variar de camino", porque en tiempo de lluvias los ríos estaban crecidos y habría escasez de víveres desde Arequipa hasta el Cusco. Los cálculos del prelado resultaron precisos. Cerca de Ica el visitador Areche recibió el mensaje (3-I-1781). Varió entonces su ruta, tomando el derrotero de Huamanga y Abancay. El corregidor Villalta adoptó especiales precauciones para que el puente del Apurímac fuese resguardado dado su alto valor estratégico, como paso obligado de la ruta de Lima al Cusco y Buenos Aires.

Bibliografía

AGI, Audiencia de Lima, Legajos 1039, 1040, 1041.
Audiencia del Cusco, Legajos 29-30, 31, 74.
AHC, Manual de Data 1781.

(1) pp. 156-58.
(6) pp. 150-89.
(13) pp. 144-46.
(14) pp. 314-36.
(19) pp. 510-11.

XIII. ACTITUD DEL CLERO

Al iniciarse la rebelión de Tinta existía una gran enemistad entre el poder eclesiástico y el poder civil. El Obispo llegó a excomulgar al corregidor, pero la pena fue levantada a instancias de la Audiencia de Lima. Refiriéndose a tan ingrato episodio, el virrey Jáuregui expuso las medidas que adoptó para lograr la serenidad de ambos funcionarios, pues nada podía ser más negativo al buen estado de la monarquía que la "competencia espiritual y temporal, o la rebaja o disminución de cualquiera de ellas".

Las reformas emprendidas por el obispo Moscoso y Peralta y su calidad de criollo dieron lugar a la sorda inquina del grupo peninsular que, respetando su alta investidura, hubiera visto con buenos ojos la presencia de un eclesiástico europeo en la silla del Cusco. Por esto, con mucha oportunidad, acusábanlo de fomentar alborotos donde llegaba, observar una conducta discutible y haber ayudado al estallido de la rebelión y ejecución del corregidor Arriaga. Tales acusaciones hasta cierto punto eran fundadas. No era Moscoso y Peralta precisamente un asceta, sino un eclesiástico con perfil renacentista, impetuoso, de gran sensibilidad y con tanto fervor por las cosas divinas como por las humanas. Y lo que era circunstancialmente grave, desde un principio había manifestado especial inclinación por el bando criollo. Los tortuosos manejos de sus enemigos lo obligaron a defenderse de innumerables tachas justas e injustas.

Al producirse el movimiento rebelde, el clero adoptó dos actitudes diferentes. Una, estuvo representada por los eclesiásticos que habían repudiado abiertamente el movimiento y trabajaron de manera decidida en favor de las autoridades; la otra, por los que simpatizaban con el movimiento. Los primeros se quedaron en sus curatos, obedeciendo a premiosas exigencias, y aceptaron los riesgos consiguientes o huyeron con dirección al Cusco. Los otros permanecieron en sus Doctrinas y acataron las órdenes del Obispo, aunque ayudaban ocultamente a la rebelión sin tomar público partido por no contradecir sus votos o colaboraron abiertamente con Túpac Amaru. Esta división interna entre los eclesiásticos es de muchísima importancia. Porque sus miembros tenían un gran ascendiente sobre los indios debido a su trato cotidiano más comprensivo que el de los funcionarios civiles, no siendo raro que las huestes rebeldes "se amansasen con la predicación de los sacerdotes". Al remitir el virrey Croix los procesos de 18 eclesiásticos (23-III-1785), afirmó que éstos daban a Túpac Amaru "el tratamiento de Governador, y le llenan de espresiones de sumisión y respeto lisonjeando sus ideas y aun alentándole con manifestarle ser justas, y que ellos rogaban a Dios por su buen éxito". Añadía que separó los expedientes de los curas López de Sosa y Bejarano por mostrar conexión estrecha con el obispo Moscoso y Peralta.

El prelado arequipeño se mostró especialmente activo al conocer la derrota realista en Sangarara. Comenzó por ofrecer un importante donativo personal de doce mil pesos, mientras que la totalidad del clero reunió treinta mil. Mandó luego prestar una importante suma de los fondos eclesiásticos, exenta del pago de intereses. Y ayudó de manera directa al esfuerzo bélico de la Junta de Guerra en dos formas: ordenando que los curas remitiesen datos sobre los movimientos rebeldes en sus jurisdicciones y predicasen en kechua a los indios para alejarlos de las "perniciosas sugestiones, que por todas partes y de todos lados ha sembrado el Rebelde", y constituyendo compañías de soldados pertenecientes al clero con sus correspondientes jefes. Los ejercicios se realizaban "a la vez de un oficial secular, que se encargó de su instrucción". De esta manera, con fondos eclesiásticos, se llegó a costear hasta cuatro compañías, mandadas por el deán Mendieta, cuya enseña era una bandera morada. La pujanza bélica de los nuevos soldados se puso de manifiesta al sofocar un brote subversivo ocurrido cerca del Cusco. Cuando la ciudad fue sitiada por Túpac Amaru, destacó el eclesiástico Ramón Salazar "del orden de predicadores, que colocado al abrigo de un peñasco, manejaba el fusil con certeza, sin malograr sus tiros". La organización de las milicias sacras comenzó en Cusco y se extendió a las 14 provincias del obispado.

Presto a no desatender las necesidades religiosas por insuficiencia de párrocos, el obispo emitió frecuentes Pastorales exhortándolos a perseverar en su sagrada misión. Para combatir la desidia o el temor mandó escoger "religiosos de suficiencia y espíritu de los conventos de esta ciudad, a quienes franqueó sus costos y gratificación para que pasasen a los alterados y les predicasen, desengañándolos de los errores en que habían entrado". El arcediano peninsular Simón Ximénez de Villalba, que había huido a la ciudad de Abancay, recibió una severa reprimenda por su funestísimo ejemplo y una orden perentoria de retornar al Cusco en breve plazo. Al cura Areta de la provincia de Chumbivilcas, que pedía cambio de sede porque su calidad de europeo lo tornaba muy odioso, le reprochó la superficialidad de sus argumentos y terminó por prohibirle que abandonase su jurisdicción. Como ejemplo de pundonor y buena voluntad, puso ante los ojos del clero la ejemplar conducta del cura de Kikijana por colocar los Cedulones de excomunión contra Túpac Amaru y haber quitado la horca que éste puso. Con veladas amenazas ordenó el inmediato retorno de los eclesiásticos a sus curatos. Complementariamente el obispo envió cartas a las diferentes poblaciones, produciendo un "bello efecto" por haber ganado la lealtad de muchos indios principales antes partidarios de la rebelión.

El primer golpe contra el levantamiento ocurrió después del desastre de Sangarara, cuando el Cabildo Eclesiástico del Cusco aceptó la sugerencia —antes rechazada— del arcediano peninsular Ximénez de Villalba y resolvió excomulgar al caudillo y a sus partidarios. El texto, firmado por el prelado y su secretario dice: *Tengan por público Excomulgado de excomunión maior, á Josef Tupac-Amaro cacique del Pueblo de Tungasuca, por incendiario de las Capillas públicas, y de la iglesia de Sangarara, por grasador de los caminos, por rebelde traidor al Rey nuestro señor, por revoltoso, perturbador de la paz y usurpador de los Reales Derechos, y á todos cuantos le den auxilio, favor y fomento, y á los que le acompañen, si luego que tuvieren noticia de esta censura no se separan de su comunicación, y se desisten de auxiliarlo en su deprabado intento, y vajo la misma pena, ninguno se atreva á desfijar este Cedulón del lugar de la Yglesia donde se fijare, reservando á Nos la absolución de todo. Que es fecho en la ciudad del Cuzco —Juan Manuel Obispo del Cuzco— Por mandado de Su Señoría Ylustrísima el Obispo mi Señor. Frías.*

Las delaciones y sospechas menudearon. Se acusó le complicidad al presbítero tacneño Ignacio de Castro, cura de San Jerónimo, rector del Colegio de San Bernardo y secretario del obispo Moscoso y Peralta, al eclesiástico Hermenegildo de Camargo, administrador de la hacienda Patapata, al agustino Bernardo López por conducir papeles de Túpac Amaru. Al Cusco llegaban avisos enviados desde las provincias por los eclesiásticos indicando la ubicación del caudillo, los movimientos de sus capitanes y la colocación de los Cedulones de excomunión en las iglesias. El Obispo hizo público elogio del cacique Pumacawa por haber sofocado los levantamientos de Calca, remitiéndole una medalla, indulgencia plenaria y una especial recomendación ante la Junta de Guerra para que se le premiase. Entre los eclesiásticos que llegaron a la ciudad estaba Antonio Valdez —presunto autor del drama Ollantay—, procedente de Urubamba, trayendo noticias del oportuno auxilio recibido por la población y la situación en Calca.

Las provincias presentaban un ambiente peculiar. En Tinta, el canónigo peninsular Vargas, íntimo del difunto corregidor Arriaga, huyó precipitadamente al Cusco, aunque después declaró contra éste en una información abierta por el obispo. El cura de Pampamarca, Antonio López de Sosa, antiguo amigo y compadre del caudillo, quedó en su curato. Se le consideraba "amigo y favorecedor" suyo, con ascendiente sobre él. Por esto, sufriría más tarde la acusación de no haber querido enviar oportuno aviso y fue llamado a prestar confesión ante su prelado. El cura de Yanacoa, Carlos Rodríguez de Avila, otro de los amigos del jefe rebelde y en cuya casa se efectuó el festín que precedió a la captura de Arriaga, permaneció en su jurisdicción velando por la salud espiritual de su grey y sostuvo más tarde haber estado "muchas veces en riesgo de perder la vida". Entre los eclesiásticos procesados de la provincia de Tinta, aparecen los presbíteros Pedro Juan de Luna; Ildefonso Bejarano, cura de Tungasuca; Justo Gallegos, de Langui, Layo, y los de San Pedro de Cacha, Antonio José Centeno, Martín de Castilla y Buenaventura Tapia.

La actividad del clero fue mucho más decidida en la provincia de Kispicanchis, limítrofe de Tinta. El cura Aldazábal consiguió alejar del movimiento a muchos indios, y cuando el ejército de represión, comandado por Del Valle, avanzó desde el Cusco, los auxilió con víveres y ropas en el inhóspito paraje de Pucacasa. Asimismo el eclesiástico Leayza ayudó constantemente a defender los pueblos de la quebrada de Caycay, mandó informes sobre los movimientos de las tropas de Túpac Amaru y reunió un contingente de hombres armados. Más importantes fueron los servicios prestados por el cura de Urcos, Pedro Santiesteban. Comenzó por exhortar a los naturales y decidirlos a combatir contra los indios rebeldes, hasta lograr la captura de un estratégico puente e impedir así el tránsito del enemigo. Como no existía corregidor en Kispicanchis desde la muerte de Cabrera en Sangarara, él desempeñó las funciones de jefe civil y militar y logró derrotar a los rebeldes. Cuando fue nombrado el nuevo Justicia Mayor, luchó de manera ininterrumpida. Entre sus frecuentes comunicaciones a la Junta de Guerra, tuvo importancia especial aquella que permitió lograr la sorpresa de Sayllu. Hostilizado por los naturales, tuvo la audacia de escribir una carta de queja a doña Micaela por presuntos atropellos. Sin embargo, en Kispicanchis abrazaron la causa de Túpac Amaru los eclesiásticos Domingo Sánchez de Alva, cura de Sangarara; Pedro Solís, de Kikijana; Domingo Escalante, de Marcaconga, y Gregorio Yépez y Valdeiglesias, de Pomacanchi.

En las provincias nororientales de Calca, Urubamba y Paucartambo, los eclesiásticos trataron de contener los excesos de los partidarios de la rebelión, dirigidos por Diego Cristóbal, luchando intensamente al lado de las autoridades españolas para evitar que los alzados bajasen por diferentes puntos hasta los pueblos de la quebrada. Con sendos avisos remitidos al Cusco, colaboraron en forma categórica a la victoriosa resistencia en el pueblo de Paucartambo.

Muy grande fue asimismo la actividad de los sacerdotes en las provincias surorientales de Paruro, Cotabambas, Aymaraes y Chumbivilcas. En Paruro los eclesiásticos colaboraron estrechamente con el corregidor Ruiz de Castilla, rechazando frecuentes amagos de invasión tupacamarista. En Chumbivilcas, tras porfiada lucha, los jefes rebeldes obtuvieron la supremacía. Aquí la resistencia estuvo predominantemente encabezada por los sacerdotes, ya que el corregidor José Ignacio Campino huyó desde la iniciación de los disturbios. Cuando estuvieron reducidos a la impotencia, auxiliaron constantemente a las familias de los fugitivos pese a la hostilidad que sufrían. Los intentos de penetrar en Cotabambas e invadir la vecina provincia de Aymaraes fracasaron por completo. La resistencia organizada por los eclesiásticos obligó a retroceder a dos de los principales capitanes tupacamaristas, que tomaron rumbo a Chumbivilcas, punto de partida de su ataque. Entre los combatientes más destacados estaba el cura Caviedes, "quien convocó, como vicario, a los demás, haciéndose caudillo de ellos, y con la junta de las gentes de sus feligresías, compusieron un ejército de más de seis mil hombres".

Las provincias de Lampa y Azángaro fueron lugares donde el clero mostró mayor simpatía hacia la causa rebelde. El cura de Asillo, José Maruri, encarna a uno de los personajes típicos que decididamente auxilió con armas, hombres y dinero a Túpac Amaru. Cuando las tropas del mariscal de campo Del Valle entraron en la población, fueron recibidas por Maruri y aceptadas sus declaraciones. Pero noticias opuestas determinaron indagaciones minuciosas. El descubrimiento de cartas dirigidas a Túpac Amaru y al contumaz Diego Cristóbal, determinaron su arresto y envío al Cusco. Con él fueron procesados los presbíteros Miguel Martínez, cura de Nuñoa y Santa Rosa; Pedro Salazar Rospigliesi y José Antonio Tapia, de Santa Rosa y Ayabiri.

El cura de Macha (Alto Perú), Gregorio José de Merlós, fue apresado y sometido a juicio. Aunque no se encontraron evidencias tangibles de culpabilidad, el virrey de Buenos Aires lo señaló como sacerdote de genio inquieto, dueño de una conducta nada recomendable e insistió sobre su sospechosa amistad con Tomás Catari. Por su parte, el teniente coronel José de Reseguían acusó al presbítero José Vázquez de Velasco de ser partidario, convicto y confeso, de los rebeldes y haber redactado algunos edictos y proclamas tupacamaristas.

Entre los frailes que siguieron valientemente las banderas rebeldes, están los dominicos fray Isidro Rodríguez, capellán de Túpac Amaru, a quien oficiaba misa en un altar portátil —causa por la cual fue excomulgado—, y fray Gregorio Santa Cruz, acusado de levantar a los pueblos de la provincia de Paruro; el agustino fray Bernardo López, que llevó mensajes del jefe rebelde, y el franciscano fray Domingo de Castro, uno de los enviados con el ultimátum donde se daba 12 horas de plazo para que los realistas entregaran el Cusco. Hubo muchos clérigos entre los que podría citarse a Tomás Otazu, del pueblo de Accha Anansaya; Antonio Chávez, cura de Sicuani, distinguido en la comisión de asuntos reservados, cuyas cartas son un ejemplo de particular devoción hacia el caudillo y sus familiares, e Isidro Escobar, "quien desde los principios de la rebelión anda con los alzados".

La constante vigilancia del obispo Moscoso y Peralta sobre los sacerdotes de su diócesis le permitía estar al tanto de cualquier conducta equívoca, llamándoles al Cusco cuando convenía, bajo amenaza de excomunión mayor. En una de sus cartas al virrey Jáuregui, acusa a varios eclesiásticos de sospechosos por haber expresado opiniones favorables al caudillo. También Túpac Amaru y su esposa estaban al corriente de los manejos del clero en los diferentes curatos, respetando sus fueros en la mayoría de los casos. Al conocer la excomunión fulminada en contra suya por el obispo Moscoso y Peralta, mandó arrancar los cedulones colocados en las iglesias con el fin de contrarrestar sus perniciosos efectos entre los pobladores. Por su parte doña Micaela, para evitar que algunos sacerdotes mandasen informes al Cusco, ordenó cerrar ciertas iglesias, deteniendo los manejos contrarrevolucionarios del clero. Sin embargo, no fue éste un obstáculo a su religiosidad, patente en sus prácticas cotidianas y uso de cruces tupacamaristas en los sombreros de su gente, "como insignia de buenos cristianos". Conocedor de esto, el obispo Moscoso y Peralta nombró astutamente a dos eclesiásticos en pueblos situados al sur de Tinta. Al pasar por su jurisdicción y conversar con doña Micaela, dijéronle haberse atrevido a salir del Cusco porque el prelado estaba convencido del magnífico trato que daba a los sacerdotes. Sin embargo, la esposa del caudillo los retuvo hasta recibir órdenes superiores.

En La Paz, durante el asedio de Túpac Catari, el obispo Gregorio Francisco Campos dio todo lo que poseía para la defensa de la ciudad, llegando a vender su propio pectoral. Cuando el jefe militar Flores levantó el sitio, el macilento obispo se presentó con las ropas deterioradas y una cruz de madera sobre el pecho. También en el campo rebelde existió un representante de la Iglesia con la alta jerarquía de obispo. Su nombre fue Nicolás Villca, indio de una hacienda de Paucartambo, pertenencia de la familia Ugarte. Su aspecto severo, con una "calva extendida desde el cráneo hasta el cerebro", impresionaba a los naturales. Repartiendo bendiciones y orando por el triunfo de Túpac Amaru, recibía el homenaje general de indios y mestizos e iba predicando que los sacerdotes "no hacían guerra, y solamente debía defenderse". Hubo muchos casos en que, sujetos audaces, conocedores del quechua, usaban ilegalmente el traje eclesiástico por haber abandonado muchos curas sus doctrinas. Por último, existen noticias de que Túpac Amaru intentó legislar en materia eclesiástica y fijó un "auto para proveer y confirmar los curatos en propiedad".

Bibliografía

AGI, Audiencia de Lima, Legajos 1039, 1041, 1043, 1044.
Audiencia del Cusco, Legajos 16, 17, 18, 20, 27, 40, 64, 65, 66, 67, 68, 69, 71, 74, 75, 76, 77, 78, 79, 80.
AHM, Col. Matalinares, t. IV, t. V, t. 57.
AMCDV, Nº XIII.

(1) pp. 16-24, 156-72, 267-73.
(5) pp. 19-152.
(6) pp. 40-64, 133-217.
(7) pp. 43-66.
(10) pp. 174-5.
(33) Rev. *U. Cusco*, Nº 118, pp. 32-5.

Véase Núms. 64, 65, 66 y 67 de la Bib. Gen.

XIV. SITIO DEL CUSCO

INUSITADAS noticias enviadas desde Tungasuca determinaron el retorno de Túpac Amaru con dirección al norte. Se preveía un ataque contra Tinta y era necesario anticiparse, atacar con decisión a los enemigos del Cusco si se quería mantener las ventajas de la victoria de Sangarara. Las tropas tupacamaristas habían aumentado, calculándose en 1 000 el número de fusiles. El retorno desde la provincia de Azángaro se efectuó siguiendo una ruta diferente. El jefe rebelde avanzó rápidamente hacia el norte por los pueblos de Asillo y Orurillo y el camino de la posta, hasta penetrar en la provincia de Tinta. Por tercera vez Túpac Amaru era recibido en triunfo por el pueblo de Tungasuca (17-XII-1780), después de las victorias alcanzadas en Kikijana y Sangarara. Sin embargo, en esta ocasión el triunfo fue obtenido más por la astucia que por la fuerza.

Contando con la eficaz ayuda de su esposa, el caudillo comenzó los preparativos de la expedición contra el Cusco, cuyo ataque tanto ambicionaba y de manera subconsciente temía. Su ruta siguió la línea Pomacamchi, Sangarara y altos de Orcororo. El número de sus hombres era considerable y la cantidad de sus armas, aunque siempre insuficiente, le permitía tentar empresas de mayor aliento. Como poseía una fundición en el pueblo de Tinta, mandó fabricar en pequeña proporción "cañones, lanzas, machetes". Mejor adiestradas sus huestes y contando con el seguro triunfo de Diego Cristóbal, Túpac Amaru decidió partir, 46 días después de su pronunciamiento, contra el ambicionado baluarte contrarrevolucionario del Cusco.

Al avanzar con rapidez por la provincia de Kispicanchis tomó hombres y dinero, sin hallar resistencia porque el Justicia Mayor se había fugado al Cusco. En los pueblos el caudillo era recibido por los párrocos bajo palio y con los honores correspondientes a su jerarquía de máximo jefe rebelde, impresionando la imaginación de propios y extraños con las formas externas de la autoridad. En su marcha fue devastando las haciendas enemigas hasta llegar al pueblo de Urcos, el primer día del año 1781. Veinticuatro horas antes el corregidor del Cusco, Inclán Valdez, mandó llamar a los caciques Pumacawa y Rosas al conocer la cercanía del ejército tupacamarista.

Para atraer a mestizos y criollos, Túpac Amaru vestía con la elegancia de la clase dirigente. Un testigo ocular dice que el caudillo "traía una monterilla catalana de buche de seda negra". Su quitasol era sostenido por un negrito de librea verde. Entró en la plaza a caballo, "en medio de sus hijos que llevavan colaterales las dos vanderas blancas bien aliñadas" e iban vestidos con el "ropaje de Yngas con sus uncos de persiana colorada, y sus sobrepuestos de oro". Aunque ya estaba excomulgado, fue recibido por el cura y oró en la iglesia. Al salir, arengó a los indios y fue vivado como el Inca libertador. Partió, y al atardecer entraba en el pueblo de Izcuchaca. Escoltado por un grupo de soldados pasó por el cerro Colcaki a reunirse con su mujer en la pampa de Orcororo. En Oropesa dejó a un pequeño grupo de sus partidarios que llevaban una "bandera colorada". Desde Urcos envió hombres y armas a Diego Cristóbal. Urgía que su primohermano dominase rápidamente aquel sector, para crear dos frentes a los defensores del Cusco. El grueso del ejército bajo el comando de Túpac Amaru marchó por las alturas, mientras otro contingente a las órdenes de Castelo avanzó por el camino real.

Túpac Amaru apareció sobre los cerros del Cusco,

con un ejército calculado entre 40 y 60 000 hombres, el 2 de enero. El día anterior, el coronel Avilés llegó de Lima con hombres y armas, tomando la defensa de la ciudad. A Túpac Amaru se le unió Castelo, luego de talar las haciendas enemigas y avanzar sin tropiezos hasta ser derrotado en Saylla a manos de Valcárcel. Este parcial descalabro impidió a los alzados ocupar pacíficamente algunos curatos adyacentes y tomar posesión de la fortaleza de Sacsawaman. Atemorizados por la inesperada cacería, muchos indios desertaron durante la noche. Consciente de su poder e indeciso en la acción, Túpac Amaru mandó carta al Cabildo y al obispo "para que en mucha quietud me entreguen esa ciudad" como auténtica prueba de fervor monárquico. En una de ellas (3-I-1781) declara ser contrario a sus indios en lo concerniente a entrar a sangre y fuego en el Cusco y poblarlo sólo con éstos. Aunque rechazó los excesivos impuestos y se declaró leal al rey y a la Iglesia, mandó con sus emisarios: el franciscano fray Domingo de Castro, el cura Ildefonso Bejarano y Bernardo Lamadrid, un ultimátum para que la ciudad se entregase en el plazo de 12 horas, comprometiéndose a respetar el Cusco o destruirlo en caso contrario.

En la parte de Urubamba, al otro lado del río, las tropas de Diego Cristóbal estaban a la defensiva. Para combatirlo, la Junta de Guerra del Cusco envió tropas de caballería e infantería, víveres y armas. Los refuerzos partieron con tanta prisa que olvidaron llevar el dinero para el pago de la tropa. Colaboraban con los realistas caciques fieles, entre los que destaca Pumacawa. En la "Lista y Plan" de los oficiales que lucharon contra Túpac Amaru, los pumacawas aparecen comandando la mayor parte de las compañías armadas del pueblo de Chinchero y el cacique ostenta el comando de las milicias de Huayllabamba, Maras, Taray, Oropesa y parroquias del Cusco. En el combate de Yucay los rebeldes fueron parcialmente vencidos. Temiendo un contraataque salieron del Cusco más refuerzos, con cuyo apoyo se consolidó el triunfo realista. Por entonces se produjo la defección de numerosos mestizos y cholos, al notar que los indios mataban a los hombres de otras razas a pesar de las recomendaciones de Túpac Amaru.

Un poco más lejos las tropas de Diego Cristóbal sitiaban Paucartambo, auxiliado por los indios de la comarca. Como no pudo tomar con rapidez su objetivo y debía atacar el Cusco al mismo tiempo que Túpac Amaru, apuró, sin éxito, el asedio. Deseoso de no perder tiempo, pasó con un fuerte contingente rumbo a la ciudad imperial, descubriendo que los realistas dominaban el puente. Como a pesar de sus reiterados esfuerzos fuese imposible vadear el río, detuvo su avance. De esta manera quedó sin cumplimiento el plan de un simultáneo ataque, que hubiese permitido doblegar la resistencia del principal baluarte enemigo.

Aun cuando las milicias que efectuaron la defensa del Cusco eran bisoñas, se esperaba resistir victoriosamente la ofensiva de los de Tinta. Contrastaba la movilidad del jefe realista Avilés con la relativa pasividad de Túpac Amaru. Un poco al sur, con la reserva, doña Micaela había quedado ocupada en remitir víveres, armas y todo lo concerniente a la administración. Los milicianos tuvieron su prueba de fuego en Sayllu. Pero el jefe realista vencedor, sin arriesgarse en una persecución más o menos incierta, decidió reforzar los puestos de mayor peligro, familiarizar a sus tropas con el terreno y consolidar la disciplina.

El día 4 de enero los atacantes intentaron penetrar por la quebrada de Cayra. Diezmados por el fuego de fusilería, retrocedieron hasta las alturas cercanas. Al día siguiente, con el grueso del ejército, Túpac Amaru marchó para iniciar el cerco definitivo de la ciudad. Los alzados, que "según el cómputo más juicioso se componía de cuarenta mil hombres", marcharon desfilando por los cerros, tremolando muchísimas banderas y haciendo innumerables disparos de artillería, no tanto para producir daños sino para incitar a una insurrección de los indios. Por la noche "se oyeron en el cerro por donde baja el camino blanco dos o tres tiros", señal, al parecer, de aviso sobre los intentos de Diego Cristóbal por atravesar el río Urubamba. Con el fin de evitar un peligroso avance de éste por el lado de la fortaleza, el coronel Avilés mandó un contingente armado que descubrió al enemigo en la orilla opuesta del río sin esperanza de poder vadearlo.

Como el peligro iba en aumento, el 6 de enero las autoridades enviaron nuevos mensajeros al virrey de Lima y al visitador Areche, que dirigía el avance de la expedición de auxilio. Este día, a las tres de la tarde, los atacantes aparecieron por el lado del cerro Pukin, sector defendido por el cacique Rosas y reforzado por Laysequilla, quien solicitó poco después refuerzos. Una avanzada de Avilés fue aniquilada, festejando los rebeldes su éxito con salvas de artillería. Estaban todavía combatiendo, "cuando Pumacahua remaneció de repente". Por un momento los sitiadores se alegraron, creyendo ver en aquellos indios a los hombres de Diego Cristóbal.

Pumacawa ocupó la fortaleza de Sacsaywaman "con todo su destacamento para ocurrir prontamente donde convenga". Las alturas de Picchu fueron atacadas de manera violenta. La artillería de los sitiadores estuvo inofensiva casi, porque el peninsular Figueroa traicionaba disimuladamente tirando alto o haciendo colocar las piezas más acá de su efectivo alcance destructor. Aunque el clero sugirió pedir ayuda a los ricos comerciantes, el obispo

Moscoso y Peralta comisionó al canónigo José Pérez de Armendáriz tomase caudales de los conventos e hiciese que los curas cediesen sus entradas durante un lapso prudencial.

El 7 de enero el jefe sitiador envió a su hijo Hipólito por unas armas "para acabar á estos reveldes" y volvió a remitir comunicaciones al Cabildo y al obispo, exigiendo la entrega del Cusco para extirpar abusos y gobernar con equidad. Estas expresiones, plenas de arrogancia, encolerizaban sobremanera a las autoridades, ya que atacaban el inapelable principio de autoridad. Los cerros que rodean el Cusco estaban ya totalmente ocupados por los rebeldes, excepto la parte de la fortaleza. Mientras tanto el cacique Chokewanca avanzaba desde el sur con 12 000 indios y mestizos "destrosando todos los Pueblos alsados de Tinta y á quemado a Tungasuca".

Pero el ataque más importante de los sitiadores fue desencadenado el día 8, a las diez de la mañana. Observando sus preparativos, el jefe realista, Avilés, tomó las medidas necesarias para detener y rechazar la avalancha que se avecinaba. Sus hombres entraron desconfiados al combate, porque una fuerte lluvia impedía el eficaz empleo de los fusiles. La batalla se inició una hora más tarde y concluyó al amanecer. Si el ataque fue llevado con increíble ferocidad, la defensa fue tenaz e impenetrable. Las tropas de Túpac Amaru comenzaron atacando las alturas de Picchu, "principal objeto" para llegar a la pampa de Anta y cortar el camino a Lima por la "altura llamada la Caja del Agua", defendida por el cacique Pumacawa. Contraatacaron los del Cusco, auxiliados por un grupo de mujeres y muchachos indígenas que les alcanzaban alimentos, bebidas y acarreaban piedras. En el camino de Pukin se ubicaron fuertes contingentes de infantería y caballería, frenando las tentativas de los tupacamaristas con tan sólida línea. El Regimiento de Pardos, de Lima, auxiliaba a otras fuerzas destinadas a sofocar cualquier súbito movimiento interno de los pobladores, cuyo número había crecido por la ininterrumpida afluencia de refugiados. El ímpetu de Túpac Amaru tornaba dramática la situación de los defensores, cuando apareció un importante auxilio de 8 000 hombres de Paruro. Esto alentó a Avilés, cuyas fuerzas pasaban ya de los 12 000 hombres.

Como los cañones de los sitiados carecían de los proyectiles necesarios, se comenzó a usar metralla de clavazón con resultados magníficos. En cambio la artillería rebelde, a pesar de su mejor ubicación, estaba poco menos que neutralizada por la traición cotidiana de su jefe, un peninsular que forzadamente colaboraba con los rebeldes y hacía secretas protestas de amistad a los sitiados. Los tupacamaristas atacaban con tenacidad y bravura, alentados por Túpac Amaru en su caballo blanco, compartiendo los riesgos inmediatos del sitio.

La plana mayor de los defensores del Cusco estuvo muy activa, reconociendo los puestos avanzados y ejerciendo una rigurosa vigilancia sobre la población. Todos cumplían sus deberes con puntualidad y tomaban a desaire si no se les ocupaba. El obispo criollo Moscoso y Peralta recorrió las calles repartiendo bendiciones y lanzando vítores, que los hombres contestaban agitando sus sombreros y las señoras batiendo sus pañuelos. El alcalde de primer voto examinaba y exhortaba sin cesar a los habitantes para que mantuvieran muy en alto su espíritu de resistencia. Para mayor eficacia usaba el quechua, mientras el pueblo invocaba con cada disparo de cañón el nombre de la Virgen del Rosario.

Durante la lucha, algunos jefes fueron retirados con graves contusiones. Llegada la noche, la batalla "quedó indecisa por ambas partes" tras siete horas de lucha. Una parte de la tropa permaneció en sus emplazamientos para evitar posibles sorpresas, soportando una fortísima lluvia que se desencadenó de improviso.

A la mañana siguiente Túpac Amaru envió nuevos comisionados pidiendo la rendición, sin obtener respuesta alguna. Un vigoroso ataque rebelde arrolló al cacique Rosas en la pampa de Anta. Pero el cacique Chokewanca impidió su aniquilamiento con un poderoso contingente traído de Azángaro. Esto frenó a Túpac Amaru y lo desanimó de repetir su ataque.

Como siguió lloviendo y una espesa niebla impedía descubrir los movimientos del caudillo, fue imposible advertir que "con el vigoroso temporal levantaban su campo con tal precipitación y que abandonándolo dejaron parte de equipajes y un cañón". Tan sensacional descubrimiento, hecho a la una de la tarde, cuando aclaró, determinó a la tropa iniciar la correspondiente persecución. Pero la caballería no pudo lograr ventajas por lo escabroso del terreno, sin poder precisarse las bajas porque los rebeldes "retiraron los muertos". Túpac Amaru retrocedió "por la punta del cerro Cusibamba dejando la pieza de artillería y sus toldos". Pero Avilés, por precaución, no salió a perseguirlo.

La retirada se confirmó el día 10, tras un cerco de ocho días. La respuesta de los sitiados fue desencadenar un triple ataque: Chokewanca por Belén, gente de Paruro por Picchu y soldados por la Caja del Agua. Un breve pero intenso combate se llevó a cabo entre las tres y las cinco de la tarde, determinando la retirada de Túpac Amaru hasta Izcuchaca. Las conjeturas eran numerosas. Las tropas quedaron con la consigna de observar y no arriesgarse. No se sabía si la retirada era debida a la alarmante deserción de los indios o a la tardanza de Diego Cristóbal, o al desengaño que produjo la quietud de los indios del Cusco. Los jefes militares realistas creyeron que Túpac Amaru iba en busca de sus reservas, o que se trataba de una estratagema con el objeto de hacer salir de sus posiciones a los defensores y contraatacarlos sorpresivamente.

Uno de los capitanes de Túpac Amaru afirmó que la retirada se produjo porque los cusqueños habían pedido 20 días para rendirse. En cambio, un fraile manifestó que el sitio había sido levantado porque el caudillo no quería matar a los indios, que los españoles ponían de carnaza, estando disgustado porque los blancos que pertenecían a su ejército huían al iniciarse el fuego y eran imitados por los indios. En realidad la verdadera causa parece haber sido el masivo auxilio traído por los caciques Pumacawa, Chokewanca y Rosas, la noticia del avance del ejército de Buenos Aires en el Alto Perú y su repugnancia por matar a las avanzadas de indios que empujaban los peninsulares del Cusco.

Un jefe realista afirmó que Túpac Amaru "estuvo bien regalado de algunos del Cusco que socorrían sus necesidades con prodigalidad", proclamando que sólo el visitador Areche tuvo energías para combatir el desconcierto y la traición. Según Avilés, las milicias provinciales mostraron una conducta muy variable: ora atacando valerosamente, ora retirándose con temor. Por ejemplo, la noche del combate de Picchu tuvo aviso urgente que las tropas desamparaban la posición. Entonces montó él sobre una mula y subió "la cuesta de Santa Ana que es una calle que más parece precipicio y sacando la espada empezó a amenazar a los que a vandada se venían arrancados para arriba; pero se me escapaban por las callejuelas y por las casas pretextando ser heridos, o de los que voluntariamente habían ido sin orden en fin después de mil fatigas" no consiguió nada, pero quedó algo.

En su retirada, Túpac Amaru cruzó por los pueblos exigiendo de sus eclesiásticos las mismas ceremonias que cuando iba a sitiar el Cusco. Por su parte, éstos se desquitaron de tales violencias remitiendo detalladas noticias de su itinerario y proyectos.

En estos momentos críticos, leales y sencillos pacamaristas escribían al caudillo llamándolo "padre de todos los pobres y de todos los miserables, y desbalidos" y le avisaban que algunos de sus hombres comenzaban a traicionar, alborotando a las mujeres de los pueblos y desencadenando el pánico, afirmando que todo estaba perdido y que los tupacamaristas habían sido sacrificados en forma temeraria.

Pero otros, como Juan Vilca, reafirmaron su adhesión al caudillo, acusando y escupiendo a varios eclesiásticos que consideraron traidores. Entretanto Túpac Amaru continuó su retirada. El día 13 estaba en Acomayo y el 17 en Tungasuca, pasando el día siguiente a Livitaca.

Desde que se retiró del Cusco, las autoridades ordenaron "atajarle el paso por Chinchaipuquie por Cepa, y por Apurímac que fugitivo puede pasar por alguno de estos parages para ponerse en salvo aunque sea en hábito de Fraile". En el sur aquellas noticias determinaron una reacción de los realistas y brotó una ola de pronunciamientos oportunistas de mestizos y criollos. Mientras tanto, libre la ciudad del Cusco del temidísimo asedio, que tan graves sobresaltos provocó, sus pobladores manifestaron su pública alegría, principalmente las mujeres. Se tenía la victoria como un milagro, dada la masa de los atacantes y los emboscados partidarios de Túpac Amaru que se ocultaban en el Cusco. Los altos jefes realistas quedaron a la expectativa. Planeaban futuras operaciones, con los informes que recibían acerca de la ubicación del caudillo, del avance de los soldados procedentes de Lima y de la estrategia seguida en el Alto Perú.

BIBLIOGRAFÍA

AGI, Audiencia de Lima, Legajos 1039, 1044.
Audiencia del Cusco, Legajos 29, 30, 31, 40, 66.
AHM, Colección Matalinares, t. IV, t. 57.
AMCDV, Nº IV.

(1) pp. 11-22, 156-72.
(6) pp. 36-7, 154-84, 187-208.
(10) pp. 243-4, 285-6, 325-8 (t. I).
(13) pp. 146-8.
(19) pp. 158, 510-13.
(40) pp. 328-9, 331-3, 336-45.
(71) Estado presente de la ciudad del Cuzco (siglo XVIII).

XV. CAPITANES TUPACAMARISTAS

LOS PRINCIPALES capitanes que obedecían a Túpac Amaru fueron leales y abnegados. Ninguno traicionó al caudillo. Por intermedio de ellos el jefe rebelde llevó su acción, de manera constante y paralela, a las diferentes provincias del Obispado del Cusco y de otras jurisdicciones. Pero entre los subalternos, dos vendieron al caudillo y a su heroica esposa. Hubo un jefe negro que fue ejemplo de lealtad y valor.

Principal capitán y segundo del caudillo fue su primo hermano Diego Cristóbal Túpac Amaru —hijo de Marcos Túpac Amaru y Marcela Castro—, líder último del movimiento. Planeada la insurrección, acudió al llamado del caudillo, estuvo entre los promotores y cooperó decididamente en todo momento. Entonces recibió orden de expedicionar en las provincias del otro lado del río Wilcamayo. Primer objetivo importante de Diego Cristóbal fue ocupar el pueblo de Paucartambo, defendido por el jefe realista Pérez Lechuga. Después pasaría con dirección al Cusco y atacaría la ciudad simultáneamente con Túpac Amaru. Este magnífico plan no pudo cumplirlo por la tenaz resistencia que encontró. Ante esta situación, decidió enviar parte de sus tropas a cooperar con su jefe principal, mientras él continuaba en su empeño de tomar aquella población. Pero del Cusco enviaron tropas en auxilio de Paucartambo, que llegaron en momento oportuno cuando el jefe realista estaba herido y escaseaban las municiones y los alimentos. Próximo a obtener la victoria, el jefe rebelde ordenó la retirada. Dice un verso de la época:

En Paucartambo el hermano *
puso un sitio formidable,
mas se le hizo inexpugnable,
porque estaba en buena mano.
Y así viendo aquel tirano
aunque de sus iras ciego,
que aún ardiendo en tanto fuego
no se ablanda la lechuga **
entregándose a la fuga
*tomó las de Villa Diego.****

A pesar del revés sufrido, las fuerzas tupacamaristas dominaban la región y realizaron constantes robos de ganado, productos agrícolas y asaltos por sorpresa contra diferentes pueblos. Ante la insistencia de Diego Cristóbal por llevar un nuevo ataque contra Paucartambo, doña Micaela envió hombres y armas a fines de enero. Por su parte, los del Cusco, conocedores de lo que sucedía en la región, mandaron refuerzos encabezados por Gutiérrez a quien acompañó el cacique Pumacawa. Las tropas atravesaron el río Wilcamayo y alcanzaron un triunfo parcial en la quebrada de Písac. Pero buscando obtener una victoria decisiva, el jefe realista avanzó temerariamente con un pequeño grupo de milicianos y halló la muerte junto con éstos cerca del anochecer. Sin embargo, el cacique Pumacawa, eximio conocedor de la región, logró sorprender en la madrugada a la retaguardia rebelde y transformar la derrota en una completa victoria. Con crueldad, que después le fue característica contra los indios alzados, Pumacawa hizo despeñar a las mujeres, a sus hijos y a un grupo de prisioneros. Pero no se atrevió a avanzar sin recibir órdenes del Cusco. Como respuesta enviaron a Villalta, cuya cautela

* Diego Cristóbal.
** Alusión al jefe sitiado.
*** Alusión al jefe sitiador.

determinó que los de Paucartambo abandonaran el pueblo. Entonces Diego Cristóbal los atacó y dividió, mientras los refuerzos del Cusco retrocedieron a su punto de origen. Comenzó desde este momento una lucha en extremo fatigante, con ventaja para Diego Cristóbal. Como teatro de las operaciones estaban las dilatadas serranías y numerosas estancias regadas por el río Wilcamayo. Los tupacamaristas bajaban en pequeñas partidas y atacaban sorpresivamente los lugares habitados, trabándose en continuas luchas contra los milicianos. Y en esta pugna sin cuartel, los rebeldes mataban a los prisioneros mientras los españoles "siempre los confesaban primero y después los pasaban a cuchillo". Diego Cristóbal actuó después en el sur y, cuando el caudillo fue traicionado y ejecutado, ocupó el comando.

De los hijos del caudillo destacó el mayor, Hipólito Túpac Amaru, quien colaboró en importantes acciones y estuvo en el sitio del Cusco. En cambio el hijo segundo, Mariano, comienza a ser mencionado después de la captura del caudillo, cuando un grupo negó entregarse y continuó la resistencia en el sur. Importante fue también la participación de Francisco Túpac Amaru, anciano tío del caudillo, cuyo ascendiente moral sobre la masa fue de una gran ayuda.

Tomasa Titu Condemayta, cacica de Acos, encarna a una de las figuras más fieles y valientes entre los capitanes del caudillo. Ella aparece a su lado en diferentes teatros de operaciones, destacando por su decisión y espíritu de lucha. Es célebre la defensa que hizo del puente de Pilpinto contra las tropas del Cusco, oponiendo un batallón de mujeres que con heroico esfuerzo obligó a retroceder al enemigo. Un valor a toda prueba y una gran lealtad hasta el último momento, fueron las características de esta célebre lugarteniente de Túpac Amaru.

Juan de Dios Valencia encabezó la resistencia y

fue uno de los jefes más distinguidos en la provincia de Chumbivilcas. Su decidida acción determinó la huida del corregidor y el éxodo de los españoles y sus dependientes con dirección al Cusco. Simultáneamente en Colkomarca, Tomás Parvina se levantó con éxito y logró quebrar la resistencia realista y la de los eclesiásticos. Unidos ambos jefes rebeldes, persiguieron decididamente a los "chapetones codiciosos" de la provincia.

En Lampa, Azángaro y Paucarcolla, limítrofes con el virreinato de Buenos Aires, actuaron infatigablemente Andrés Ingaricona, Nicolás Sanca y Ramón Ponce. La principal lucha fue contra el corregidor de Puno, Joaquín de Orellana, que vencedor en un comienzo fue obligado a retroceder por la unión de Ingaricona y Sanca. Sin embargo, ambos serían derrotados en el combate de Manachili (16-II-1781) por tener criterios opuestos respecto a la oportunidad de atacar. Acatando la opinión de su jefe, los hombres de Sanca huyeron a las alturas y estuvieron como espectadores, mientras Ingaricona, a pesar de sus esfuerzos, era vencido. La victoria realista fue seguida de abominables venganzas, que la oscuridad detuvo. Los vencedores recibieron aquella noche lanzas de repuesto, pues muchas se habían torcido o roto en el ataque contra los indios "que traian sus cuerpos como forrados de pieles duras y gruesas para resistir estas armas". Como Orellana sentíase débil para continuar la campaña, retornó a la villa de Puno tras una ausencia de casi dos semanas.

A consecuencia de este revés, Túpac Amaru nombró jefe de las tropas que debían atacar Puno a Ramón Ponce. Como principales colaboradores nominó a Ingaricona y a Pedro Vargas. Seguro de su próxima victoria, Ponce llevó edictos para ser distribuidos entre los habitantes de Puno y las poblaciones cercanas. Planeaba llegar hasta el río Desaguadero y eliminar posibles sorpresas enemigas de La Paz y Chuquisaca. Como poco después le llegasen promesas acerca de un simultáneo ataque desde el sur, su seguridad de victoria se afianzó. En respuesta, el informado corregidor Orellana comenzó febrilmente la defensa. Abrió fosos, cavó trincheras, reunió armas, fundió pequeños cañones y acopió víveres en previsión de un sitio prolongado. La capacidad defensiva de la villa aumentó con los auxilios del gobernador de Chucuito y dinero remitido desde La Paz.

Corroborando la veracidad de los informes, Ponce y sus tropas llegaron frente a Puno (10-III-1781), tremolando numerosas banderas con gran estrépito de voces, tambores y clarines. Un ataque inicial permitió a Ponce ocupar el Cerro del Azogue, defendido por los indios mañazos, encabezados por su fiel cacique Bustinza. Al siguiente día Ponce comenzó su ataque por diferentes lugares. Después de ocho horas de indeciso combate, la lucha se inclinó en favor de los defensores. Ante el incumplimiento del ataque desde el sur, Ponce había decidido levantar el sitio. Conocedor Orellana de un levantamiento en Chucuito, remitió tropas. En Juli encontraron "la plaza y las calles inundadas de sangre y arrojados los cadáveres por todas partes". Al emprender la retirada, se unieron a los milicianos muchos pobladores aterrorizados, y con escasas pérdidas entraron en Puno. La situación se complicó ante el rumor de nuevos y simultáneos ataques desde el sur y el norte. Orellana tuvo que contener los ataques de Pascual Alaparita e Isidoro Mamani (0-IV-1781), procedentes del sur. Después de dos días de escaramuzas se produjo el combate decisivo. Derrotados los atacantes, en su retirada degollaron a las mujeres de Ichu "en odio de sus maridos", que ayudaba a defender Puno. Como precio del perdón, los vecinos de Acora apresaron y entregaron al jefe indio Mamani. Coincidiendo con la retirada, llegaron tropas rebeldes del norte. Al conocer la retirada de Alaparita y Mamani decidieron huir, quedando por entonces libre de ataques la villa de Puno.

Simón Noguera fue el primer mártir tupacamarista, al ser ejecutado en Lampa cuando incursionó en una expedición de tanteo al sur. En el sector septentrional destacaron Antonio Bastidas y Pedro Mendigure, ocupando la mayor parte de la provincia de Kispicanchis, paso obligado entre Tinta y el Cusco. Bastidas cuidaba de las operaciones militares y vigilaba el buen comportamiento de las autoridades nombradas por el caudillo rebelde. Ciertas discrepancias entre los jefes tupacamaristas sobre la manera de conducir la lucha se hizo ostensible en los últimos tiempos. Pues mientras Bastidas extremaba las precauciones, Mendigure deseaba intensificar el vigor de la lucha. Producido el fracaso del sitio del Cusco, ambos jefes se retiraron con rumbo a Tinta. Andrés Castelo fue otro de los destacados colaboradores del caudillo. Encabezó las tropas que marcharon a través de la quebrada, mientras Túpac Amaru avanzó por las alturas. Uno de los más célebres y jóvenes capitanes fue Andrés Mendigure, cuya celebridad comienza al finalizar la rebelión. Conocido también por Andrés Túpac Amaru, por ser sobrino del jefe rebelde, no obstante su corta edad, destacó por su valor e iniciativa durante la lucha en la región del lago Titicaca.

Entre el numeroso grupo de jefes tupacamaristas pueden mencionarse a los siguientes: Pedro Vilca Apasa, comandante de Túpac Amaru en Azángaro; Tomás Parvina; el coronel José Mamani, indio de Tinta; Francisco Wambo Túpac, indio de Yauri; Diego Meza, mestizo del mismo pueblo; Aymi Túpac, indio de Sicuani; Lucas Colki, de Pomacanchi; Andrés y Antonio Gastelú, de Tungasuca; Diego

Berdejo; el cacique Juan Túpac Kispe; Antonio Saravia, de Layo; Hermenegildo Rojas, de Combapata; Miguel Meza, de Maranganí, y el ex esclavo de color Antonio Oblitas. Los que traicionaron al epónimo caudillo fueron particularmente dos: Francisco Santa Cruz y Ventura Landaeta.

Bibliografía

AGI, Audiencia del Cusco, Legajos 32, 33.

(1) pp. 60-103.
(6) pp. 125-224.
(7) pp. 18-42, 44-58.
(13) p. 155.
(14) pp. 326-51.
(19) pp. 513-4.

XVI. OFENSIVA REALISTA

El ejército de Lima siguió por Huamanga. El visitador Areche recibió cuatro mil pesos de los Cabildos civil y eclesiástico y el ofrecimiento de un futuro mayor apoyo de los vecinos. El 19 de febrero atravesó el puente del río Apurímac y el 23 llegó al Cusco. La entrada pública se efectuó dos días más tarde, acuartelándose las tropas en el antiguo Colegio de los Jesuitas, en el Tambo de Montero y en otras residencias espaciosas.

Asesorados por oficiales, funcionarios, vecinos e indios, el mariscal de campo José del Valle y el visitador Areche dieron comienzo a los preparativos para la ofensiva contra la provincia de Tinta. Fue aprobado un plan, primero a base de cinco columnas y después de seis, un cuerpo de reserva y dos destacamentos, que en total sumaban 17 000 hombres. Los reparos económicos del visitador impidieron reunir los elementos necesarios para manejar un ejército en tan difícil campo de operaciones, mientras que el corto tiempo de instrucción militar impidió su adecuada disciplina.

Concluidos los preparativos, "dispuesto lo conveniente y necesario para la subsistencia del ejército", comenzaron a salir las tropas del Cusco. El 4 de marzo rompió la marcha la Quinta Columna con 3 000 hombres —2 000 indios—, bajo las órdenes del coronel de infantería Domingo Marnara, llevando como lugartenientes a los corregidores José Acuña, de Cotabambas, y Francisco Laysequilla, de Chumbivilcas. Su ruta: puesto de Churo-Cotabambas-Livitaca, donde esperaría el corregidor de Paruro. La Primera Columna salió con 2 500 soldados —2 000 indios—, encabezados por el sargento mayor de caballería Joaquín de Valcárcel y como segundo al coronel de milicias Juan Nicolás de Lebatón, Marqués de Rocafuerte, y yendo como principal jefe auxiliar el cacique Pumacawa. Su ruta: Cacay-Paucartambo-Kispicanchis-cordillera de Ausangate, "tránsito preciso para los pueblos y punas de la provincia de Tinta, por donde pudieran hacer su retirada los rebeldes". El mismo día salió la Segunda Columna con 2 700 hombres —1 600 indios—, dirigida por el teniente coronel Manuel Campero y el teniente de infantería José Varela. Su ruta: quebrada del Cusco a Sicuani por Andahuaylillas-Urcos-Kikijana-Checacupe-Combapata-San Pedro y San Pablo-Sicuani, debiendo defender los estratégicos puentes de la región. La Tercera Columna partió el día 10 con 2 500 hombres —1 500 indios—, bajo las órdenes del teniente coronel de milicias Matías Baulen, llevando como auxiliar al cacique Rosas. Su ruta: alto de Orcororo-Rondocan-Pirke-Acomayo-Acos-Sangarara-Marcaconga-Tungasuca-Tinta. A retaguardia marchó el Cuerpo de Reserva con 500 infantes veteranos de Lima y Huamanga y la artillería con seis cañones y el parque de municiones, bajo las órdenes del coronel de dragones Avilés y de segundo el coronel de milicias Gabriel de Ugarte. Del Valle marchó con la Reserva, presidiendo el alto comando realista. Simultáneamente partió la Sexta Columna, formada por 600 milicianos que comandaba el coronel José Cabero y Francisco Celorio, Justicia Mayor de Paucartambo. Su ruta: Paucartambo-altos de Ocongari-puestos de Azorayaste. Finalmente, el 11 de marzo salió la Cuarta Columna con 3 000 hombres —2 000 indios—, bajo las órdenes de Manuel Ruiz de Castilla, corregidor de Paruro, marchando como segundo el coronel de milicias Isidro Guisasola. Su ruta: Paruro-Accha-Livitaca-Yauri-Coporake-Tungasuca-Tinta-Sicuani. Los dos destacamentos, con casi 2 000 hombres, fueron enviados a Urubamba, Calca y Lares, "con la mira de cortar la retirada al rebelde por aquella parte". Sobre un total aproximado de 17 000 hombres, cerca de 14 000 eran indios.

En el Cusco quedó el visitador Areche con mil soldados de la Compañía de Pardos de Lima, de voluntarios de Huamanga y el Regimiento de Infantería de Milicias del Cusco y un numeroso grupo de indios, encabezados por caciques fieles. Acompañaban al visitador, el coronel Miguel Torrejón y los sargentos mayores Bernabé Villavicencio y Gaspar de Rosas. Era asesor del grupo el oidor Benito de la Matalinares. Como se nota, el plan realista consistió en enviar dos columnas por el Este, dos por el Oeste, mientras las otras dos, el cuerpo de reserva y la artillería avanzaron por el centro. Los destacamentos impedían una posible retirada hacia el Noreste. Las columnas debían reunirse antes de Tinta y atacar, siguiendo después a Sicuani y provincias del sur.

La Quinta Columna recibió en su marcha auxilios de los rebeldes de Chuquibamba que abandonaron las filas tupacamaristas. Unidos con las fuerzas de Aymaraes, se enfrentaron y derrotaron a los hombres de Parvina, Valencia y Bermúdez. Cerca de Santo Tomás se libró el combate (19 y 20-III-1781), siendo aniquilados los rebeldes. Parvina y Bermúdez "sostuvieron el encuentro con tanto vigor, que murieron al pie de un cañón con que nos batían", y para escarmiento sus cabezas fueron enviadas al Cusco. La Cuarta Columna obtuvo sucesivos triunfos en Cochiriguay, Accha y, al contramarchar por orden superior, derrotaron a un "cuerpo numeroso de más de seis mil hombres". Francisco Túpac Amaru y Francisco Torres fueron capturados. El primero, tío del caudillo, "traía vestiduras reales, de las que usan los Incas, con las armas de Túpac-Amaru bordadas en seda y oro en las esquinas". El botín fue cuantioso y, como era usual, los prisioneros indígenas pasaron obligatoriamente a engrosar las filas de sus vencedores. Las columnas Primera y Sexta experimentaron choques menores, "por no haber encontrado rebeldes que combatir, y sólo se veían en la elevación de los cerros algunas partidas cortas de indios, que tal vez se remontaban temerosos del castigo que demandaba su atrevimiento". Las columnas que marchaban por el centro fueron constantemente asediadas, empezando a sentir la inclemencia del clima, la falta de víveres y la escasez de servicios médicos. Sólo dos galenos cuidaban de la expedición. A medida que se extendían las líneas, aparecían nuevas dificultades. Nada estaba preparado cuando llegaba el ejército a los lugares de descanso. Era aguda la falta de comestibles, insuficiente el número de tiendas de campaña y se carecía de ropas de repuesto. Pero a pesar de estas deficiencias, la superioridad de armamento y dirección militar eran superlativamente abrumadoras.

Las tropas de Túpac Amaru estaban en acecho, hostigando en todo momento a los realistas pero combatiendo sólo en determinadas oportunidades favorables. Del Valle logró contrarrestar a Bastidas por diferentes puntos, pero éste logró escapar gracias a la oscuridad y reagrupar sus tropas más al sur. Pero el principal objetivo del caudillo era destruir el centro, donde estaba el alto comando realista. Para esto, Túpac Amaru urdió una treta. Mandó aviso sobre un supuesto ataque. Entonces Del Valle aminoró su marcha y puso en estado de alerta a sus tropas. Pero súbitamente perdió todo contacto con los rebeldes. Túpac Amaru aprovechó este vacío para ocultar sus tropas y despistar a los realistas. Cuatro días más tarde (22-III-1781) se presentó la ocasión para una sorpresa en la frígida región de Pucacasa. Plantaban sus tiendas para capear el mal tiempo, cuando llegó al campamento realista un prisionero fugitivo dando aviso que Túpac Amaru intentaría una sorpresa aquella noche. Prevenido el jefe realista, rechazó a los atacantes con nutrido fuego de fusilería y se retiró en busca de una mejor posición. Como los oficiales y la tropa de Lima sufrían mucho marchando por las alturas, mandó seguir por la quebrada y concentrarse en Urcos para decidir el ataque definitivo contra Tinta. Al llegar a Kikijana encontró que sus moradores se habían fugado, cortando antes el puente ante la inesperada traición del cacique Poma Inca. A pesar de su defección, Del Valle ejecutó al cacique y avanzó hasta la jurisdicción de Tinta. Un eclesiástico informó haber estado en Acos y visto "que la casa de la cacica Tomasa estaba en actual incendio, varios muertos en la plaza, y calles, y muchos en la ladera que está al salir del río". Cerca de Tungasuca (28-IV-1781) se reunieron tres columnas con cerca de 9 000 hombres.

Con fusileros e indios de Chinchero y Anta, que "partieron como lobos contra los Reveldes", se les desalojó de un estrecho desfiladero. Al avanzar Del Valle, recibió aviso de existir una poderosa concentración enemiga en una estratégica altura. Mediante una hábil maniobra atacó de frente y retaguardia. Al contraatacar los rebeldes, comenzó una batalla de proporciones insospechadas. La victoria terminó por inclinarse hacia el bando realista, a pesar del empuje tupacamarista. El caudillo huyó en su caballo blanco, siendo seguido desde lejos por esta característica. Hubiera quedado prisionero de no haber atravesado el río a nado. Los realistas avanzaron hasta cerca de Combapata y con nutrido fuego de artillería destruyeron sus débiles fortificaciones. La mayor resistencia final se efectuó en un cerro que guarda la entrada a Pampamarca.

Como consecuencia de la derrota, 30 vecinos de Tinta se presentaron ante Del Valle y le avisaron que la población había sido abandonada. Al llegar, comprobaron la existencia de una ancha muralla de adobes, un foso circundante y seis cañones para su defensa. En Tinta, el jefe realista halló el "retrato del principal rebelde pendiente de la horca" y un enorme botín. De inmediato Salcedo fue colocado de corregidor de Tinta. Un grupo armado continuó el avance al sur, mientras otro pasó en dirección a Carabaya para evitar la fuga de Túpac Amaru hacia la selva. Como drástico escarmiento inicial, 67 prisioneros tupacamaristas fueron ahorcados, "colgando sus cabezas en los parajes públicos".

Bibliografía

AGI, Audiencia de Lima, Legajos 1040, 1044.
Audiencia del Cusco, Legajos 63, 40.
AHM, Col. Matalinares, t. 57.

(1) pp. 31-60, 114-6.
(6) pp. 43-4, 219-24.
(7) pp. 157-85.
(13) pp. 153-5.
(14) pp. 354-6.
(19) pp. 514-9.
(10) pp. 349-58.

XVII. TÚPAC AMARU LIBERTADOR

En el proceso espiritual de Túpac Amaru hay una característica línea evolutiva que va desde el fidelismo tradicional hasta el separatismo revolucionario, pasando por una etapa intermedia donde se trata predominantemente de conquistar la justicia social, en forma pacífica primero y después mediante la insurrección armada.

La interpretación secesionista del movimiento que encabezó Túpac Amaru es una tesis sostenida en el siglo XVIII por el grupo peninsular. Su principal vocero fue el visitador Areche, opinión verificada en los momentos finales del levantamiento de 1780. En diversos documentos el visitador sostiene que el cacique de Pampamarca, Tungasuca y Surimana pretendía coronarse Rey del Perú, es decir, erigirse en soberano independiente. Como verdadero descendiente de la nobleza imperial se daba el "falso título de Inga" y hacía creer que libraría al Perú "de lo que llamaba tyrana dominación". El grupo peninsular vio claro su propósito de "sacudir el yugo de la dominación española proclamándose su legítimo soberano como único descendiente de los Yngas Dueños en la Gentilidad de estos paises". Esto lo repite en su carta el visitador al Ministro de Indias, José de Gálvez, recalcando que Túpac Amaru aspira "á erigirse Rey de estos dominios, y aniquilar á los que se llaman aquí indistintamente españoles, y á los europeos". En concordancia con estas afirmaciones, un testigo contemporáneo de los sucesos declara: "ya Tupaamaro se ha coronado por Rey y anda con corona con su gente". Y el mariscal de campo José del Valle, cuando escribe al citado Ministro de Indias, cuenta que proclamado

Túpac Amaru como nuevo Inca, predicaba cómo "todos los que mueran bajo sus órdenes en esta Guerra, tiene seguridad de que resucitarán después que se haia finalizado, y que disfrutarán las felicidades, y las riquezas de que están indevidamente despojados". Pero la típica actitud antipeninsular de la rebelión está quizá mejor sintetizada por el canónigo Simón Ximénez de Villalba, al expresar que la insurrección de Tinta "ratificó más, y más mi antiguo dictamen de que el corazón de toda la sierra se halla en Armas contra nosotros en aquel modo cruel propio del indio".

El fidelismo tradicional de Túpac Amaru permanece claro más o menos hasta 1776, cuando litigaba estérilmente con los corregidores de Tinta y el Cusco. Es la etapa de sus alegatos sobre intolerables inobservancias de lo mandado en la Recopilación de Leyes de las Indias, justa en sus mandatos pero cotidianamente burlada. Sus tópicos principales están representados por la defensa de las condiciones de trabajo del indio y el reconocimiento de sus legítimos derechos como descendiente de la antigua nobleza imperial incaica. Pero tales reparos no debilitaban aún su fidelidad monárquica. En una de sus declaraciones a judiciales en el Cusco (20-IV-1781), doña Micaela Bastidas confesó haber escuchado a su esposo que "le llevarían a España, y el Rey le haría Capitán General". Si sus reclamos hubieran sido plenamente satisfechos, es posible que la tensión hubiera permanecido latente entre su monarquismo y su férvida adhesión a la vida histórica del Tawantinsuyu. Su actitud incaica está asentada en el pasado y alimentada por reminiscencias cotidianas y el influjo ideológico de Garcilaso Chimpuocllo a través de sus lecturas de los *Comentarios Reales*.

La segunda etapa, caracterizada por su viaje y estada en Lima (1776-1778), es breve pero históricamente decisiva. Representa un contacto de Túpac Amaru con las ideas de la Ilustración a través del grupo limeño renovador. Su aspiración de obtener la justicia social lo lleva a criticar los planteamientos impropios que conspiran al mejoramiento del estado social del Virreinato. El renovador limeño José Baquíjano y Carrillo defiende la idea de un gobernante criollo. Preciso es recordar que su retorno de España coincide con la etapa en que Túpac Amaru vivió en Lima. Hay indicios de su influjo sobre el batallador cacique. Sin embargo, vuelto al Cusco, él modificará la tesis de los criollos limeños al enunciar la justicia y legitimidad de que el virrey del Perú fuese un noble cusqueño, aunque subordinado a la suprema autoridad del monarca hispánico. Con acierto Areche consideró que en Lima Túpac Amaru trató acerca de la rebelión con gente de elevada alcurnia y tuvo otros cómplices de menor importancia, recalcando al virrey que si se quería tener la sierra en paz debía poner orden en Lima. La opinión del visitador concuerda con lo declarado por doña Micaela Bastidas durante el proceso contra los rebeldes, al decir que en Lima le "abrieron los ojos" a su esposo.

Esta posición subsiste en el momento inicial de la tercera etapa. El caudillo la desarrolla en sus cartas y, de manera especial, en la escrita desde Chuquibamba al canónigo de La Paz, José Paredes (26-I-1781), a poco de levantar el cerco del Cusco. Aquí muestra su característica adhesión a la Iglesia, critica los excesivos impuestos, se burla del pretendido valor de las tropas enviadas desde Lima y recalca la parcialidad de los tribunales reales en la administración de justicia. Es muy importante recordar su audaz propuesta de llegar a un acuerdo con el monarca para gobernar el Perú a cambio de una retribución económica a la Corona igual a la que podía obtenerse de manos de los corregidores, cuando dice: "Tengo hecho Ynforme a Su Magestad representándole mi designio, y prometiéndole adelantar otro tanto de lo que deben los ladrones del Reyno; y Vuecencia crea que así me mantendría en paz y quietud, y que repararán en cosas de Dios con la adoración debida, sin tener muchos Dioses Corregidores ni Ministros que con capa de Su Majestad hostiliza más a los miserables. Todo esto se ha procurado por mi parte, ser mi obligación hacerlo por último Desdendiente del Rey último del Perú, y sus herederos." * Tan característica posición persiste en la Carta que, desde Tinta, escribió al visitador Areche (5-III-1781), contestada en forma sofística y prepotente por el funcionario real siete días más tarde. Areche increpó al caudillo, escribiendo que estaba "manchado para todos los siglos", calificándolo de sujeto manejado por "esse vil consejero que juzgo lo arrastra con palabras, y expresiones dulces a su precipicio". El reproche tiene la intención de restarle méritos personales. Como conclusión, le ordena rendirse y amortiguar su inevitable desastre.

La posición del caudillo queda ratificada mediante otras comunicaciones al Obispo del Cusco y a personas e instituciones representativas de la autoridad pública. En todas el jefe rebelde enuncia su respeto a la iglesia y a la monarquía, pero tiene el valor de criticar el mal gobierno y finalmente, de combatirlo en forma violenta mediante una de las más grandes rebeliones que hayan sacudido el continente.

Desde marzo de 1781 Túpac Amaru comienza un incremento de su larvado separatismo. Su actitud latente se patentiza progresivamente. Una proclama, reconocida por doña Micaela Bastidas como proveniente de un indio de Marcapata y negada por

* El Inca Túpac Amaru ajusticiado por el virrey Toledo en la plaza del Cusco el año 1572.

el caudillo, quien confiesa sin embargo saber que fue leída a su esposa, expresa ya sólo una débil y simbólica relación con la Corona a través de la religión y pago de tributos. El texto es un argumento reivindicatorio de su derecho a gobernar el territorio del antiguo Imperio de los Incas —sus legítimos antepasados. En este Bando se autotitula José I y expresa ser supremo gobernante de territorios sudamericanos que representan la primitiva extensión del virreinato del Perú antes de las secesiones de Nueva Granada (1739) y de Buenos Aires (1776). Esto descubre, simultáneamente, una intención reivindicatoria colonial frente a las recientes amputaciones territoriales del Virreinato y alude a la mayor extensión que tuvo el Perú incaico antes de la llegada de los invasores peninsulares. Por otra parte, denuncia en forma tajante la usurpación de los monarcas españoles durante "cerca de tres siglos", la tiranía de sus funcionarios, sus exagerados impuestos y protesta del trato de "bestias a los naturales del Reyno" dado por los peninsulares. Apoyado en aquellos argumentos, predica la inobediencia a las autoridades reales. Tan radical pronunciamiento apenas queda mitigado por las promesas circunstanciales de pagar el Diezmo y la Primicia a la Iglesia y el Tributo y el Quinto al Rey. Esta reivindicación de su derecho a gobernar estaba ya representada en su iconografía. El retrato a caballo con vestiduras reales, pintado por el antiguo esclavo Oblitas después de la victoria de Sangarara, trae una prueba más de la tesis sostenida por Areche sobre su disimulada tendencia de separar al Perú de la metrópoli y proclamarse Rey independiente. Y el jefe tupacamarista Tomás Parvina, dice haber remitido "informe a su Magestad el Ynga Don José Gabriel Tupac Amaru".

El separatismo del caudillo florece en los decisivos momentos del mes de abril, cuando combate entre Checacupe y Combapata y principia a ver como nuevos centros de guerra a las poblaciones de Azángaro y Puno. Se ratifica esta actitud cuando Túpac Amaru intenta sobornar al centinela de su prisión, afirmando que si salía de ella dominaría la ciudad mediante la decidida ayuda de sus partidarios. La búsqueda de justicia social, dentro de una férrea estructura político-absolutista dominada por el principio de autoridad, lleva a la consecuencia lógica de buscar la independencia total. Porque para que aquella pudiera ser alcanzada era necesario un estado de vida histórica en el Perú capaz de hacer posible su realización práctica.

Bibliografía

AGI, Audiencia de Lima, Legajos 1039, 1040, 1041, 1042, 1044.
Audiencia del Cusco, Legajos 29, 30, 31.
AHM, Col. Matalinares, tomo LVII.
PRO, F.O. 72.

(10) pp. 329-31, 361-62.

XVIII. TRAICIÓN Y SACRIFICIO

Al producirse la rebelión de Tinta, las autoridades del Perú y de Buenos Aires publicaron sendos Bandos ofreciendo elevadas recompensas, títulos de nobleza y el perdón a quien entregara vivo o muerto al cacique rebelde. A su tiempo esos ofrecimientos darían sus lógicas consecuencias.

Después de su victoria sobre Túpac Amaru, Del Valle acampó a una legua de Tinta, población que encontró débilmente fortificada y recibió a un grupo mestizo manifestando que el caudillo se había fugado en dirección a Sicuani o a Sangarara. Para verificar esos datos salieron tropas en ambas direcciones. Al penetrar Del Valle en la población le dijeron que el retrato de Túpac Amaru fue puesto en la horca por los vecinos de Tinta o por los indios de Anta que formaban la vanguardia. Del Valle tomó en Tinta mucha pólvora, balas de cañón y fusil, una petaca de plata labrada y dos salas llenas de objetos de valor y de ropa y trigo.

Los seguidos contrastes habían determinado la evacuación de Tinta y la retirada rebelde. Vigiló el transporte de enseres, armas y dinero, Juan Bautista Túpac Amaru, medio hermano del caudillo. Acompañaban a Túpac Amaru en la misma dirección, aunque por distinto camino, su esposa, sus hijos Hipólito y Fernando y numerosos partidarios. Parecía que su decisión era hacerse fuerte en los pueblos meridionales o en su defecto pasar la raya divisoria y organizar la resistencia en la jurisdicción de Buenos Aires. Un testigo dice que en este lapso se intensificaron los desmanes de los indios, dedicados a robar y "tener dos mujeres y algunos tres".

Después de haber burlado a sus perseguidores el día anterior, Túpac Amaru entró en el pueblo de Langui. Aprovechando de su excesiva confianza le apresó un partidario suyo (6-IV-1781), el mestizo Francisco Santa Cruz, aprovechando que la mujer de Juan Portilla que había perdido a dos de sus hijos en las guerras, se cogió de la brida de su caballo. A las voces que daban acudieron "gentes de nuestro partido inmediatamente, y quedó arrestado". De inmediato hizo publicar su famoso Bando "de la traición": "Señores Coroneles y Capitanes, y todos los fieles vasallos de Nuestro Señor, y Rey Don Carlos Tercero (que Dios guarde por felices años) Emperador de las Españas, y de las Yndias. Queda preso el *traidor* á nuestro dicho Señor en este Langui, por lo que os llamamos, y combocamos a todas Vuestras mercedes á quedar, y custodiarlo, hasta recivir superior orden sobre el dicho. Langui seis de Abril de mil setecientos ochenta y uno. El Coronel de Langui". El otro traidor fue Ventura Landaeta, que capturó a doña Micaela Bastidas, a sus hijos Hipólito y Fernando y a su hermano Antonio Bastidas. También fue capturada "la muy nombrada casica de Acos". Sucesivamente cayeron prisioneros jefes principales, escribientes, domésticos, negros esclavos, mestizos y criollos. Entre los principales personajes que lograron escapar estaban Diego Cristóbal Túpac Amaru, Mariano Túpac Amaru, hijo segundo del caudillo, su sobrino Andrés Mendigure, Miguel Bastidas y otros, que habían seguido una ruta diferente a la del caudillo. Cuando Del Valle supo la captura de Túpac Amaru y su esposa, mandó 50 hombres de caballería a custodiarlos. Al día siguiente con la noticia, hubo en el Cusco "repique de campanas, y está la ciudad loca de contento". Parece que en un primer momento Del Valle prometió el perdón a todos los rebeldes si se rendían, propuesta que desechó Areche.

El jefe militar colocó soldados hasta Urcos y escoltó personalmente a Túpac Amaru hasta el puente de Urcos. Aquí el prisionero, con otros 40 prisioneros, fue recibido por el propio visitador Areche, a quien acompañó el coronel de dragones José Álvaro Cavero. En ningún momento se humilló Túpac Amaru. Cuando se le mandó arrodillarse delante de Del Valle se negó, "hasta que por fuerza lo verificó". El sábado 14 de abril entró el prisionero en el Cusco, que presentaba un aspecto solemne y a la vez jubiloso. Los vecinos principales mostraban alegría, en algunos fingida para ocultar sus sentimientos, porque se sabía que dos baúles de documentos del prisionero iban a ser examinados. Para producir una mayor impresión, las tropas formaron desde el camino hasta la prisión. El temido jefe rebelde entró sobre una mula, cargada de cadenas, entre la curiosidad malsana y el temor. Depositado en el Antiguo Colegio de los Jesuitas, la vigilancia de los prisioneros fue asunto de la mayor importancia. Los principales jefes se turnaron en aquella tarea y en la inspección de los accesos a la ciudad con el fin de evitar cualquier posible golpe de mano para rescatar al prisionero.

El visitador Areche mandó comenzar un "prolijo, circunstanciado y extenso" proceso. La sustanciación corrió a cargo del oidor peninsular Matalinares, procediendo las autoridades con dinamismo y minuciosidad hasta poner la causa en estado de pronunciar sentencia. Durante este lapso, Areche hizo comparecer seguidamente al prisionero. Trató de convencerle para que delatase, con la bastarda promesa de aminorarle el castigo. Un testigo mostraba su sorpresa ante la increíble "impavidez del principal Reo". En su calabozo se mantuvo siempre en actitud soberbia. Como se negara a responder, Areche ordenó carearle con vecinos distinguidos y añadió promesas renovadas hasta la monotonía. Asqueado Túpac Amaru de tanta bajeza contestó despreciativo al Visitador: "aquí no hay más cómplices que tú y yo; tu por opresor, y yo, por libertador, merecemos la muerte". En la prisión Túpac Amaru intentó convencer al centinela para llevar un mensaje en tela escrita con su sangre. Estaba convencido que si salía de su celda dominaría rápidamente el Cusco y apresaría a las autoridades con ayuda de sus partidarios.

La actitud heroica del prisionero al ignorar las amenazas y torturas, no delatar a sus partidarios y simpatizantes cusqueños, unida a la acusación de intento de soborno a sus carceleros, dio pretextos para extremar los castigos. Con repetidos tormentos sus verdugos llegaron a quebrarle un brazo. El juicio se abrevió "por haver quedado el Revelde mui quebrantado y desfallecido de los tormentos, que fueron atrozes pero con todo nada quiso confesar", salvo que "unicamente el devía el delito y era justo lo pagase sin que, en todos los Tormentos que sufrió con valor várbaro culpase a nadie ni se disculpase a si". A pesar de su aparente religiosidad no mostró "mucho arrepentimiento y aunque han entrado varios relixiosos, sacan poco fruto". Casualmente los primeros que entraron eran españoles y "el Revelde luego que los vió, dixo con sobervia pareze que se han conjurado contra mi estos Chapetones". Como respuesta a sus verdugos, Túpac Amaru se encerró en un mutismo despectivo que ningún tormento físico pudo cambiar. Porque ya el sufrimiento lo había trasformado en habitante de un mundo superior, más allá del miedo y del soborno.

El dos de mayo la salud del prisionero estaba muy quebrantada. Temiendo que la muerte pudiera burlar la sentencia hecha a nombre de su Magestad Católica, el oidor Matalinares aceleró los trámites. Entretanto se preparaba el "Patívulo y cadalso", representado por "un gran tablado pintado de verde, puesto en el centro de la plaza maior en gradas, y en cada frente una Horca desviada diez pasos, capaz de contener 10 Personas cada una, con descargo de dos varas entre cada ahorcado". Con refinada crueldad prepararon para Túpac Amaru "onze coronas de fierro con puntas mui agudas, que se le han de poner en la cabeza en representación de los onze dictados o títulos de que se denomina Emperador. Ygualmente un collar de Hierro con dos Platinas mui pesadas y rodeado de puntas mui agudas que manifiesta la orden del gran Paititi de que se titula gran maestro. Por la parte del cerebro se le introducirán tres puntos de Fierro ardiendo que saldrán por la boca en demostración de los tres vandos que mandó publicar, declarando al Rey Católico por usurpador sacrílego de sus Dominios". El reo debía ser exhibido un día entero en esta situación, estuviese vivo o muerto.

El fallo fue expedido el 15 de mayo y leído de inmediato a los condenados. El fiscal Figueroa había pedido la pena de muerte "ordinaria", con añadidos que "causen terror, y espanto al Público, para que a vista del expectáculo se contengan los demás, y sirva de exemplo y escarmiento". El descuartizamiento en vida del jefe rebelde, las mutilaciones y penas infamantes eran pruebas de la barbarie imperante en el derecho penal. Al ser notificados los reos, la excomunión fue levantada el día 16 para que ellos pudiesen cumplir sus deberes espirituales. Y mientras entre los condenados habían arrepentidos y pertinaces rebeldes, Túpac Amaru esperaba la muerte con mutismo pétreo, orgulloso, en íntima comunión espiritual con su insobornable hueste.

El día 18 de mayo, un viernes para mejor recuerdo, se realizaron las ejecuciones en la plaza mayor o Wacaypata del Cusco, la antigua plaza del Pregón de los Incas. El visitador Areche confesó y comulgó, oyendo una fervorosa misa por la salvación eterna del alma de los condenados. Para evitar cualquier contratiempo inesperado, se tomaron las medidas más convenientes. Con sus fusiles y bayonetas caladas, soldados mulatos de Lima y mestizos de Huamanga resguardaban la horca de cuatro caras, ubicada en el centro de la plaza. A las 10 de la mañana el oidor Matalinares, previa venia del visitador Areche, mandó ejecutar las sentencias "autorizando el acto con su persona para contener cualquier desorden que pudiera promover el populacho"

mostrando por ejemplares
que quien es Mata Linares
es también mata traidores.

Los reos salieron arrastrados por caballos, metidos en zurrones que traen la yerba del Paraguay, acompañados de eclesiásticos y soldados. Llegados al lugar del suplicio, fueron entrando en forma sucesiva al patíbulo. Túpac Amaru, su esposa y su menor hijo Fernando espectaban los suplicios. Berdejo, Castelo y Bastidas fueron ahorcados en forma simple, arrojándolos desde lo alto de una escalera. Al ex esclavo negro Oblitas se le arrastró con soga de esparto al cuello antes de ahorcarlo. Por haber sido verdugo del corregidor Arriaga, su cabeza fue remitida a Tinta, el brazo derecho a Tungasuca y el izquierdo se colocó en el camino de San Sebastián. Hipólito Túpac Amaru, hijo mayor del caudillo, y su anciano tío don Francisco, sufrieron igual pena, con el añadido previo de cortarles la lengua. A la valerosa cacica de Acos, doña Tomasa Titu Condemayta, imperturbable, irónica y despectiva, le dieron garrote sobre un tabladillo dispuesto con un torno de hierro "que a este fin se había hecho, y que jamás habíamos visto por acá".

Llegado su turno, doña Micaela subió al tablado y "no desmintiendo en aquel trance su entereza se resistió a sacar la lengua, que hubo de cortarle el verdugo después de su muerte". Como debía sufrir la pena de garrote y tenía el cuello muy delgado, el torno no lograba ahorcarla. Padeció muchísimo sin implorar piedad a sus verdugos. Para acelerar la ejecución fue necesario echarle lazos al cuello, tirando los verdugos de ambos extremos. Como esto fuera todavía insuficiente, haciendo honor a su profesión, los verdugos la remataron dándole de patadas en el estómago y los senos hasta que expiró. La gallardía de su actitud ha quedado perennizada en unos versos anónimos:

En la tribuna se planta
tan magestuosa que admira
y tanto el cuello levanta
que el pulso se le retira
de un apretón de garganta.

Concluyó "la función" con el suplicio del caudillo epónimo. Conducido al patíbulo, su aniquilamiento físico contrastaba con su vigorosa serenidad espiritual. A viva fuerza le abrieron la boca y cortaron la lengua. Arrojado al suelo, se le colocó con la cara hacia el firmamento. Cuatro caballos, cabalgados por mestizos, fueron acercados. Sendos lazos sujetaron las extremidades del reo a las cinchas. Terminados los preparativos oyóse una señal y los jinetes partieron hacia los cuatro puntos cardinales, "espectáculo que jamás se había visto en esta ciudad". Pero no pudieron avanzar más allá de la minúscula extensión de sus lazos, porque la fortaleza física del condenado resistió victoriosamente el sacrílego intento de fragmentarlo. Por breves momentos Túpac Amaru se debatió en el aire, remedando a una gigantesca araña. El pequeño Fernando, agobiado por el cruelísimo espectáculo, emitió un grito tan lleno de angustia que ha quedado como una elocuente protesta contra la historia del coloniaje peruano. Dice un testigo presencial: "Suceden algunas cosas que parece que el diablo las trama y dispone a conformar éstas en sus abusos, agüeros y supersticiones. Dígalo, porque habiendo hecho un tiempo muy seco y días muy serenos, aquél amaneció toldado, que no se le vio la cara al sol, amenazando por todas partes a llover y a hora de las doce en que estaban los caballos estirando al indio, se levantó un fuerte refregón de viento, y tras de éste un aguacero que hizo que toda la gente y aun los guardias se retiraran a toda prisa. Esto ha sido la causa de que los indios se hallan puesto a decir, que el Cielo y los elementos sintieron la muerte del Inca, que los españoles inhumanos e impíos estaban matando con tanta crueldad." Notando el impasible visitador Areche la excesiva demora en la ejecución del reo, "movido de compasión", ordenó decapitarlo. El cuerpo fue conducido al pie de la horca y descuartizado, como reza la inexorable sentencia. La cabeza se envió a Tinta. Los brazos: uno a Tungasuca y el otro a Carabaya. Las piernas: una a Santa Rosa y la otra a Livitaca. Los cuerpos de Túpac Amaru —privado de la cabeza y extremidades— y de doña Micaela Bastidas —conservando la cabeza y una pierna— fueron conducidos al cerro de Picchu para ser quemados y sus cenizas arrojadas al río Watanay. Areche mandó poner en aquel lugar una lápida recordatoria. Los miembros de los otros reos fueron en parte distribuidos en diversos pueblos como ejemplar sanción y "eterna memoria de los delitos nunca vistos ni oídos en otros reinos". Por ejemplo, los brazos de doña Micaela fueron enviados a Tungasuca y Arequipa y una pierna a Carabaya: la cabeza de la cacica Tomasa Titu Condemayta fue remitida al pueblo de Acos. Por último, se recomendó asimismo "sea extinguida toda su descendencia hasta el cuarto grado".

La ejecución de los reos juntó en la antigua plaza incaica del Cusco a una inmensa multitud, siendo extraño que entre tan gran gentío no se advirtiese la presencia de trajes indígenas. Nadie gritó ni levantó la voz, porque entre los presentes existía o un gran sentimiento o un regocijo vengativo, mezcla de temor y odio ante el caído jefe rebelde. Una noticia sobre los posteriores funerales de Túpac Amaru ha sido dada por Areche en una carta al Ministro de Indias (20-VI-1782), acusando de exagerada complacencia y debilidad al virrey Jáuregui, al mariscal de campo Del Valle y al obispo Moscoso y Peralta. Previo permiso del Virrey, Diego Cristóbal hizo "un entierro mui solemne con todas las cruces de las Parroquias" y con casi "tanta magnificencia, como si fueran exequias de alguna persona real". Agrega Areche cómo "las poblaciones han quedado despobladas", pues los españoles y los criollos se retiran a las ciudades principales y abandonan los pueblos o pasan hacia la costa para evitar riesgos. Cree cosa de la mayor urgencia capturar a Diego Cristóbal Túpac Amaru, para aniquilar definitivamente a "esta iniqua casta, de que se acordará el Reyno, y su seducida torpe, y osada Nación por algunos siglos".

Bibliografía

AGI, Audiencia de Lima, Legajos 1040, 1050.
Audiencia del Cusco, Legajos 32, 33.
AHM, Col. Matalinares, tomo LVII, I.
BM, Egerton 1815.

(1) pp. 30-60, 166-68.
(3) pp. 108-09, 136-42, 153-93, 213-14, 261-62.
(5) pp. 173-76.
(6) pp. 38, 99.

XIX. DIEGO CRISTÓBAL, NUEVO CAUDILLO

PRODUCIDA la traición y captura de Túpac Amaru, su primo hermano Diego Cristóbal atacó repetidamente sin éxito y se retiró hacia el sur. Desde este momento fue considerado como el indiscutido caudillo de la rebelión. En calidad de nuevos puntos de resistencia quedaron las provincias de Lampa y Azángaro.

Hasta la captura de Túpac Amaru no se habían producido deserciones alarmantes entre los realistas. Pero los indios auxiliares deseaban volver a sus tierras para recoger sus cosechas y cuidar el ganado. Entregados los prisioneros al Visitador, el retorno no se efectuó en el tiempo calculado. Parte de los indios y milicias de mestizos desaparecieron. Noticias sobre deserciones llegaban de todas las columnas, al mismo tiempo que los tupacamaristas renovaban sus ataques.

Tan crítica situación obligó a un mínimo desplazamiento hasta poder reemplazar las bajas. Concluida esta difícil labor, Del Valle pasó al pueblo de Sicuani. Siguiendo el camino de la posta cruzó la raya divisoria y penetró en territorio del Virreinato de Buenos Aires, donde sufrió otro parcial desbando de sus auxiliares indios y mestizos. Para contrarrestar este golpe, Del Valle colocó al corregidor de Paruro en el pueblo de Macari, envió al de Cotabambas a pacificar los pueblos del sur de Tinta y ordenó que Avilés fuese a Nuñoa, mientras él, con el grueso de las tropas, expedicionó sobre Lampa, provincia donde la rebelión mostraba "mayor furor y crueldad". Porque Diego Cristóbal, recelando de blancos y mestizos, daba muerte a todo sospechoso no indio, "persiguiendo también a los curas y sacerdotes de aquellos territorios".

Las tropas hicieron alto en una pampa, donde fueron atacadas por un pequeño grupo que disparaban sus fusiles y gritaban ser más valientes que los de Tinta. Un contingente de infantería los batió con facilidad, tomando abundante ganado para alimentar a la soldadesca hambrienta. El avance continuó a Santa Rosa, pueblo que debía ser escarmentado por su permanente adhesión a Túpac Amaru. Las tropas entraron en la población sin hallar resistencia. De súbito rodearon la plaza, colmada de indios, y apresándolos ejecutaron arbitrariamente a un numeroso grupo. Concluida su estéril venganza, marcharon a Orurillo donde sólo encontraron mujeres, ancianos y niños. Al saber que los adultos habían fugado a engrosar las filas rebeldes, Del Valle mandó soldados en su persecución. Los fugitivos apresados fueron fusilados de inmediato. Esta drástica medida, unida a la amenaza de nuevos castigos, determinó el regreso de un numeroso grupo que juró ser "en adelante" de vasallos fieles.

Poco después las tropas avanzaron hacia la provincia de Azángaro y sin resistencia ocuparon Asillo. El cura José Maruri, con cuatro servidores, salió al encuentro de los realistas y explicó cómo fue la retirada de sus habitantes. En un principio sus razones fueron aceptadas. Pero recibidas algunas acusaciones, Del Valle mandó registrar los papeles del eclesiástico. Sus sospechas se vieron confirmadas, agravándose la situación al descubrirse que Maruri no sólo tuvo correspondencia con Túpac Amaru sino que la continuaba con Diego Cristóbal. Encadenado y bajo escolta fue enviado al Cusco para su juzgamiento. Ahora bien, al saberse que los fugitivos de Asillo estaban reunidos en unas alturas cercanas, salió un destacamento a escarmentarlos. Un ataque rápido y decidido produjo la derrota de los rebeldes, tomándose algunas armas y numeroso ganado.

Aunque los indios no pudieron ser aniquilados, pues huyeron por "caminos tan ásperos y pantanosos que era inútil seguirlos para alcanzarlos".

Concluida la escaramuza, la tropa tomó el rumbo de Azángaro. Al pasar por el cerro Condorcuyo divisaron un fuerte grupo rebelde. El lugar era muy famoso desde hacía 40 años por haber constituido el reducto de los indios de Azángaro, sublevados por los excesivos Repartos mercantiles. Tan obstinada resistencia presentaron en aquella ocasión, que para derrotarlos el Corregidor "se vió precisado a cercarlos y rendirlos por hambre". El contingente indio estaba encabezado por Pedro Vilca Apasa, jefe que obedecía a Diego Cristóbal.

Parecía constituir un conjunto numeroso, a juzgar por el ensordecedor ruido de cajas y clarines y el tremolar de sus innumerables banderas. Al divisar a los realistas, parte de los rebeldes que habían quedado en las tierras bajas se retiraron lentamente a las alturas. Iban empujando sus ganados y cargando sus enseres. Un pequeño grupo de caballería realista que los atacó fue aniquilado ante la vista del grueso de su ejército. Como Del Valle quería continuar su marcha con el menor número de bajas, prometió el perdón si se rendían sin mayor resistencia. Una rotunda negativa fue la respuesta. Gritaban que "su objeto era dirigirse al Cusco a poner en livertad á su Ynga". Entonces se produjo el ataque desde cuatro puntos distintos. Los indios realizaron una heroica defensa y llegaron a rechazar momentáneamente a uno de los grupos realistas, resistiendo el fuego de los fusileros con increíble valor. Respondían a las descargas haciendo rodar grandes piedras o "galgas", disparaban otras pequeñas con sus hondas y contraatacaban con sus lanzas, con lo cual se registraron episodios de inusitada bravura.

Un indio "atravesado con una lanza por el pecho

tuvo la ferocidad de arrancársela con sus propias manos, y después seguir con ella a su enemigo todo el breve tiempo que le duró el aliento; y otro a quien de un bote de lanza le sacaron un ojo, persiguió con tanto empeño al que le había herido, que si otro soldado no acaba con él, hubiera logrado quitar la vida a su adversario". El combate terminó con la derrota de los rebeldes y la pérdida de sus víveres y ganados. También los vencedores sufrieron fuertes bajas, confirmando la opinión de que los naturales no estaban ya en el estado de "sencillés y pusilanimidad en que los encontraron nuestros primeros conquistadores".

Tras breve descanso, sin cuidar a los heridos, se ordenó continuar la marcha. En Azángaro había un reducido grupo de ancianos, mujeres y niños. Un prisionero avisó que Diego Cristóbal y sus sobrinos, conociendo el avance realista levantaron el sitio de Puno y se cruzaron, pasando muy cerca. De inmediato, Avilés salió en persecución de los rebeldes con resultado adverso. Nuevos intentos fueron también infructuosos, porque el jefe rebelde variaba constantemente su marcha y logró refugiarse en la dilatada provincia de Carabaya. Por entonces la situación se presentaba muy difícil para el jefe español.

Diego Cristóbal había escapado sin mayor pérdida y sus efectivos aumentaban. Puno estaba sitiado por el sur y llegaban noticias de nuevos levantamientos de Chumbivilcas y Paruro. Del Valle detuvo su avance, renovó su plan para operar en Carabaya, sofocar otros levantamientos y con el resto de sus fuerzas pasó a socorrer Puno.

Marchaba el grueso de la tropa cerca del cerro Pukina Cancari, cuando los exploradores avisaron que se distinguían indios en las alturas. Del Valle ordenó continuar la marcha por creer que eran pocos y estaban atemorizados. Al desencadenar los rebeldes un temerario ataque contra la retaguardia, se produjo un episodio de escaso valor militar pero de subida elocuencia. Enfurecido por la increíble provocación, ordenó el jefe realista que 80 fusileros los escarmentasen. Entretanto su caballería rodeó el cerro para impedir la fuga. El minúsculo grupo indio mostró una intrepidez a toda prueba. Al rechazar con desprecio las ofertas de perdón, "respondían que antes querían morir que ser indultados". Como el nutrido fuego de fusilería los empujó lentamente a la cima del cerro, preferían arrojarse al abismo o ser despedazados por las bayonetas antes que rendirse.

Finalizado el heroico episodio, el ejército de socorro continuó su marcha. Al mismo tiempo Andrés Huara con sus hombres atacaba Puno desde el sur. Para contrarrestar el júbilo de los defensores ante la cercanía de auxilio, los atacantes respondían que ese ejército "iba en su favor a castigarlos por los muchos indios que habían muerto". Del Valle no pudo dar un merecido descanso a sus hombres antes de entrar en Puno. Las alarmantes noticias de nuevos ataques lo obligaron a acelerar su marcha, llegando a la villa en la tarde del 23 de mayo. El sitio fue levantado cuando escaseaban los víveres y municiones y habíase perdido la esperanza de recibir auxilios de La Paz o de Arequipa.

La defensa de Puno fue un ejemplo de tenacidad. El corregidor Joaquín de Orellana, tras de resistir victoriosamente los ataques de Ingaricona y Sanca, tuvo noticias de una doble ofensiva desde el norte y el sur. En comunicación con Pascual Alaparita, el ataque había sido planeado por Diego Cristóbal. Entonces Orellana buscó la amistad de Alaparita y le envió una carta. Pero éste, sin leer la misiva "la entregó al fuego". Acompañado de su sobrino Mariano Túpac Amaru, Diego Crostóbal ocupó las alturas que rodean la población (7-V-1781), con "grande ostentación y estrépito de los pedreros que trajo para batirla". A la una de la tarde del siguiente día inició un solitario pero vigoroso ataque, apoderándose del cerro del Azogue y llegando hasta los arrabales de Puno. Sólo un esfuerzo supremo de los defensores pudo determinar su retirada. Ante este descalabro inicial, él quedó a la espectativa. Esperaba la aparición de sus aliados del sur para desencadenar una común ofensiva. Llegados los de Chucuito, comenzó el combate. Orellana resistió hasta que la oscuridad dio término a la lucha, hecho que se repitió en los tres días siguientes. La artillería fue un factor decisivo para prolongar la defensa. El 12 de mayo los hombres de Diego Cristóbal fueron los primeros en retirarse. Poco después cesó la lucha en el sector meridional. El fin de los combates por la parte de Azángaro se produjo al saberse la llegada del ejército de auxilio. En su precipitación el jefe sitiador dejó los "ricos quitasoles que usaba contra los rayos del sol, y muchos víveres". Pero los rebeldes de la parte sur continuaron sus ataques, aunque al fin concluyeron también por retirarse.

Al llegar Del Valle encargó al coronel Avilés la inspección ocular de Puno. Con marcada frialdad recibió los pedidos de un fuerte contingente para defender en forma permanente la villa, y desechó la sugerencia de seguir hasta La Paz. Por otra parte, no podía dejarse fuerzas considerables en Puno sin correr el riesgo de un desastre al retornar a Cusco, dadas las frecuentes deserciones, escasez de armas y restricción en los gastos por exigencia de los funcionarios de la Real Hacienda. El total de las fuerzas punitivas llegaba por entonces a 1 100 milicianos armados con fusiles y rejones, un pequeño número de soldados veteranos y 500 auxiliares indios, cuando dos meses antes partió de la ciudad imperial un ejército de 17 000 hombres.

Urgido por tantos problemas, Del Valle convocó a una reunión general de oficiales. Concluida la asamblea se llamó al corregidor Orellana. Preguntado si bastarían 100 hombres como refuerzo para defender la villa, respondió negativamente. Entonces recibió la inesperada orden de alistar a sus hombres y notificar al vecindario la evacuación de Puno bajo la protección del ejército. Esta decisión fue tomada por la falta de alimentos para los soldados, pasto para las bestias y el temor que el frío acabase con la tropa que carecía de ropas suficientes. Además, las comunicaciones estaban casi suspendidas. El aislamiento crecía, porque nadie quería servir de chaski desde que los rebeldes "cortaron las manos, nariz, y orejas, a un Propio" enviado por los realistas. Hubo consternación al conocerse las nuevas y un creciente desorden, cercano al pavor, cayó sobre Puno. Con razón los defensores lamentaban haber realizado tantos sacrificios para concluir abandonando pacíficamente la población. Como Del Valle mantuviera aquella decisión, los vecinos prefirieron seguirlo antes que permanecer y sufrir la muerte a manos de los indios en acecho.

El 26 de mayo se inició el éxodo en dirección al Cusco. Muy a su pesar Orellana abandonó el teatro de sus hazañas, seguido por 8 000 personas de todo estado y condición social, "casi todos a pié, y sufriendo los padecimientos consiguientes a tan despreciada suerte". Sólo un reducido grupo tomó la ruta de Arequipa. Al partir dejaban abandonados sus muebles y otros enseres intransportables. Los cañones fueron dañados y enterrados para evitar que los aprovechase el enemigo. Apenas alejados de la villa, entraron a ocuparla los rebeldes del sur. La retirada realista no tuvo incidentes hasta Lampa, lugar desde donde el jefe español principió a sentir la hostilidad de Diego Cristóbal contra las "reliquias" de su ejército. A medida que avanzaban crecía el padecimiento de los pobladores. Pues los rebeldes atacaban intermitentemente, dando lugar a continuas escaramuzas por los flancos y la retaguardia. La columna destacada a Carabaya se plegó en Sicuani. No pudo derrotar ni capturar a Diego Cristóbal, pero sí ejecutó toda clase de tropelías contra los indios. En la revista hecha en Sicuani se comprobó que las tropas estaban reducidas a 1 449 individuos, entre oficiales y soldados.

Cuarenta días después de abandonar Puno (2-VII-1781), aquella población angustiada llegó a las puertas del Cusco. La tropa estaba diezmada y su jefe enfermo. Daba compasión la gente "viéndolos cubiertos de piojos, muchos o los más descalzos y otros envueltos en pellejos". Gran parte pasaron a los hospitales, por estar enfermos o mostrar un gran agotamiento físico. El éxodo de Puno mereció la desaprobación del Visitador y del Virrey, quienes no parecen haber sopesado detenidamente los motivos expuestos por Del Valle.

Durante la expedición al sur, Areche quedó en el Cusco. A diario recibía noticias de los ataques de Diego Cristóbal contra los pueblos de las provincias de Calca y Lares y Urubamba. El fracaso realista en contener sus irrupciones, determinó que el propio Visitador saliera, en cortas expediciones, con tropas de la ciudad o enviara comisionados prometiendo perdonar a los indios que se sometiesen. Algunos aceptaron, pero la mayor parte rechazó las propuestas. Para acelerar la pacificación, Areche encargó a los eclesiásticos "que predicasen y consolasen" a los indígenas en sus respectivas Doctrinas. Sin embargo, todo fue inútil. A pesar de sus promesas, cuando la tropa se alejaba los indios rebeldes reiniciaban las hostilidades. Para reforzar su autoridad, el Visitador aumentó las dotaciones en puentes y lugares estratégicos y concluyó por abandonar con mucho sigilo el Cusco. Diego Cristóbal Túpac dominador de las provincias meridionales, mientras el cruel visitador Areche daba cuenta de su misión al virrey Jáuregui en Lima.

Bibliografía

AGI, Audiencia de Lima, Legajos 1044, 1045.
Audiencia del Cusco, Legajos 5, 19.
AHM, Col. Matalinares, tomo LVII.
AMCDV, nº IX.

(1) pp. 91-104.
(13) pp. 154-58.
(14) pp. 353-57.
(10) t. II, pp. 153 *ss.*

XX. TÚPAC CATARI EN EL ALTO PERÚ

AL MISMO tiempo que el Cusco y las provincias eran sacudidas por la rebelión de Túpac Amaru, los territorios meridionales sufrían las consecuencias hasta Tucumán en el Virreinato de Buenos Aires. Brotan caudillos locales entre los que destaca nítidamente la figura de Túpac Catari, combatido por jefes militares enviados desde Buenos Aires por el virrey Juan José de Vértiz y Salcedo.

El trágico fin de Tomás Catari —en el momento que Túpac Amaru se retiraba del Cusco—, despertó un deseo de venganza entre sus hermanos Dámaso y Nicolás. Con cerca de 4 000 hombres derrotaron y dieron muerte a su apresador Álvarez Villarroel y saquearon sus propiedades. Llevando a la viuda de Catari como símbolo de revancha, partieron "sin más objeto que el robo, el incendio y la destrucción de quantos no los quisiesen seguir" hasta las cercanías de Chuquisaca. Esto determinó inmediatos preparativos bajo la dirección del jefe criollo Ignacio Flores, llegado de Buenos Aires. Agotadas las medidas de conciliación, Flores atacó a los hermanos Catari. Su triunfo determinó que un grupo de indios y mestizos de Pocoata, para alcanzar el perdón, entregaron a Dámaso y a Nicolás. Interrogados por el nombre de sus cómplices, contestaron con mucha calma ser "los mismos que los habían traído presos". Ambos fueron ejecutados junto con un grupo de fieles partidarios. Sorprendía y escandalizaba ver a los reos camino del suplicio comiendo tranquilamente coca, "resistiendo a soltar sus monteras, y chuspas, y otros enfadándose de las exhortaciones que les hacían los sacerdotes, pidiendo que fuesen a reñir a otros".

La jurisdicción del obispado de La Paz abrazaba siete provincias. La ciudad poseía cuatro Curatos y una población de 20 000 habitantes. Cuando Túpac Amaru marchó al sur, en diciembre de 1780, La Paz fue mirada como una población de refugio, siendo depósito de papeles importantes y de un gran caudal. Como el jefe principal Flores tenía un área muy extensa y convulsionada, se nombró comandante de La Paz a Sebastián de Segurola, corregidor de la provincia de Larecaja. Su estrategia consistió en acortar las líneas defensivas, abandonando lugares cercanos y concretándose al recinto de la ciudad. En previsión de un sitio prolongado, reunió gran cantidad de víveres y armas para cualquier emergencia. Por entonces hubo tres hechos importantes: Túpac Amaru levantó el sitio del Cusco, Tomás Catari era asesinado y aparecía la figura de Túpac Catari.

El verdadero nombre del caudillo altoperuano era Julián Apasa, indio nacido en el pueblo de Ayoayo, provincia de Sicasica, que había sido sacristán, mitayo y panadero. Parece que habiendo interceptado una carta de Túpac Amaru a Tomás Catari, oyendo el consejo del mestizo Chukimamani, asumió el papel de caudillo bajo el nombre de Túpac Catari (en homenaje a *Túpac* Amaru y a Tomás *Catari*) y se autodenominó Virrey. Fray Matías de la Borda lo describe "como de 30 años, vestido de uniforme, con una camiseta de terciopelo negro, su bastón y con mucho acompañamiento, a quien saludó en castellano, y me reprendió, encargándome no hablase otra lengua que no fuese el aymara, cuya ley tenía impuesta con pena de la vida". Su mujer, la virreina doña Bartolina Sisa, era una "chola como de 26 años".

Predicando el despojo y aniquilamiento de los peninsulares, Túpac Catari llevó un rapidísimo avance hasta las puertas de La Paz. Segurola efectuó algunas salidas, logrando vencer a los indios de las cercanías. Fue un hecho efímero, pues el 21 de marzo la ciudad se hallaba totalmente cercada por los rebeldes. El primer contraataque de Segurola concluyó en un desastre por la escasa preparación de sus milicias. Túpac Catari respondió con una ofensiva general, renovada diariamente, que se prolongó hasta los primeros días de abril. Un breve periodo de negociaciones, fracasó por mutuas desconfianzas e inaceptables condiciones del jefe atacante. Entonces recomenzó la ofensiva, entrelazada con episodios pintorescos o desusados. Por ejemplo, los rebeldes dieron muerte a un franciscano bajo acusación de haber oficiado una "Misa de maldición" que produjo derrota y, poco después, se ocupaban devotamente en "hacer Procesión".

Para incrementar la eficacia de su ofensiva, Túpac Catari cambió de táctica. Dejó los ataques diurnos y puso en práctica una serie de asaltos nocturnos. La lucha adquirió contornos épicos, aunque sus resultados fueron desfavorables para los sitiadores. Entonces el jefe rebelde utilizó diferentes tretas: falsificó cartas o fingió combates contra imaginarios enemigos para provocar la salida de Segurola y apresarlo por sorpresa. Por esta época Túpac Catari había instalado una Corte en los altos de La Paz. Rodeado de gran aparato se hacía prestar "obediencia ciega por medio del terror" e impresionaba a sus partidarios con las insignias del poder y prácticas esotéricas.

Al comenzar el mes de julio Segurola seguía resistiendo victoriosamente, sostenido por noticias sobre un próximo auxilio. Un espía suyo dio aviso que Túpac Catari pasaba a combatir contra las tropas llegadas del sur, dejando a su mujer doña Bartolina como jefe de los sitiadores. Por medio de su agente, Segurola tuvo nuevos informes y la secreta adhesión de Mariano Morillo, jefe de la artillería enemiga.

Interceptado una comunicación comprometedora, Morillo fue arrestado y condenado a perder ambos brazos. Mutilado lo arrojaron al campo realista. Túpac Catari declaró cómo aquella traición había cambiado su respeto a los criollos en desprecio y deseo de "arruinarlos a todos".

Entre ataques y contraataques, la situación de Segurola se tornaba desfavorable. El hambre hizo su aparición entre los defensores, hasta el extremo de "comerse los cueros, y contarse por muy feliz el que compraba un gato por seis pesos y una mula muerta por 30". Estaban macilentos y a punto de abandonar las armas cuando, el 31 de julio, llegaron los auxilios. La señal fue un inusitado combate entre los sitiadores y atacantes foráneos. Horas más tarde comenzó una gran confusión entre los partidarios de Túpac Catari, "huyéndose los unos y precipitándose los otros". Poco después aparecía Flores. El primer sitio de La Paz había durado 109 días.

El jefe criollo Flores llegaba tras una larga campaña. Vencedor de los hermanos Catari, organizó un pequeño ejército y dejó Chuquisaca defendida por dos destacamentos llegados de Buenos Aires. Pasó por Oruro y entró en Sicasica (19-VI-1781), que tomó a sangre y fuego a pesar de la intrepidez de los indios que defendían sus posiciones "abanzándose a las balas y rechazando a los nuestros varias veces". Cinco días más tarde salió Flores hacia La Paz. Venció a Túpac Catari en Calacoto, mientras el sitio de La Paz quedó encargado a doña Bartolina. Luego el jefe realista rechazó un ataque rebelde el 28 de julio. En esta ocasión Túpac Catari estuvo a punto de caer prisionero, teniendo que arrojarse "a un barranco del caballo en que iba montado". Después de triunfar cerca de la ciudad, colocó una bandera en el campamento enemigo y mandó aviso a Segurola que el sitio había sido levantado.

El Alto Perú estaba convulsionado. La villa de

Oruro fue teatro de un levantamiento de criollos con ayuda de los indios, alianza que finalizó con la ruptura de ambos grupos. Existía un factor económico y otro de casta. La decadencia de la minería arruinó a prominentes criollos, mientras los peninsulares se negaban a prestar capitales para recomenzar los trabajos y, de otro lado, pretendían acaparar los cargos principales. Reunido un contingente de 200 milicianos, corrió la voz de existir una conjuración de europeos. Como protesta los milicianos abandonaron el cuartel, quedando desamparada la villa. Entonces comenzó un levantamiento, seguido de saqueos a las casas de los peninsulares. El 11 de febrero las calles de Oruro estaban regadas de cadáveres. Los "chapetones" y sus esclavos negros aparecían devorados por los perros. En cuatro días el botín llegaba a dos millones de pesos. Fue nombrado Justicia Mayor Jacinto Rodríguez, mientras el corregidor Urrutia había huido. Para detener la violencia de los indios, Rodríguez mandó repartir dinero y prometió entregar mayor cantidad a la llegada de "su rey" Túpac Amaru. Dos enviados de éste aconsejaron moderación y que se atacase a los chapetones pero no a los criollos. Sin embargo, los indios multiplicaban sus actos de violencia. El asalto a la propia casa del nuevo justicia mayor Rodríguez, determinó la ruptura. Las milicias arrojaron a los indios de la población, rechazaron sus ataques y los derrotaron en forma definitiva. Un perdón general dio término a la lucha, a cambio de alimentos para la población. Justificado sus actos ante el virrey de Buenos Aires, Rodríguez quedó como Justicia Mayor de Oruro.

Mientras la mayoría de las poblaciones vivían en plena revuelta, *Cochabamba* permanecía a la expectativa. Colocado entre la rebeldía y la fidelidad, se decidió por ésta al descubrir que los indios atacaban a la gente de otras razas. Su Corregidor aprovechó la ocasión para reunir tropas y ayudar a los realistas de lugares cercanos. En *Potosí* destacó la labor previsora del gobernador Jorge de Escobedo —futuro sucesor de Areche. Disciplinó tropas de infantería y caballería, almacenando gran cantidad de armas y víveres. Para evitar futuras sorpresas, ordenó cerrar las vías de acceso a la villa mediante trincheras o tapias y mantener a los milicianos en constante vigilancia. De esta suerte logró preservar a Potosí de ataques externos o levantamientos interiores, tanto más temibles cuanto que la villa era lugar codiciadísimo por las riquezas que atesoraba.

En cambio la villa de *Tupiza* tomó abierto partido por la rebelión. Aprovechando el fermento producido por los agentes de Túpac Amaru, el sargento mestizo Luis Lasso de la Vega se levantó (6-III-1781), mientras el corregidor García de Prado se atrincheró en su domicilio para defender sus riquezas logradas "a costa de un descontento general". Al volar el depósito de la pólvora y caer un trozo de pared, penetró un indio al interior, degolló al Corregidor y "le bebió mucha parte de su sangre". Lasso de la Vega tomó el título de Gobernador y Capitán General de Túpac Amaru. Su secretario Aguirre, "sujeto español y no de común nacimiento", remitió de inmediato cartas y convocatorias solicitando hombres, armas y víveres para constituir una fuerza poderosa que los libertase. Era tal el odio contra el corregidor García de Prado, que su cadáver fue desenterrado y le cortaron la cabeza.

Para contrarrestar la rápida propagación del movimiento, el virrey de Buenos Aires mandó dos pequeños contingentes de soldados veteranos y, poco después (19-II-1781), al teniente coronel José Reseguín. Este dinámico jefe alcanzó al primer destacamento. Sin esperar más, avanzó por Moxo con el deseo de llegar a Tupiza y eliminar ese foco rebelde. Para despistar a los espías enemigos, anunció marchar en auxilio de Chuquisaca. Pero mediante un rápido desplazamiento nocturno, tomó Tupiza y apresó a Lasso de la Vega y a sus principales colaboradores. Los castigos coincidieron con la noticia del triunfo de Flores sobre los hermanos Catari y la cercanía de 4 000 indios comandados por Pedro de la Cruz Condori. Un rapidísimo golpe permitió la captura de dicho jefe y el desbande de sus hombres. Pacificada la región, Reseguín partió de Tupiza (5-IV-1781), pasó por Cotagaita y 14 días más tarde entró en Chuquisaca, donde se reunió con Flores.

Avanzaba Reseguín victorioso, cuando a sus espaldas se levantó José Quiroga con el apoyo de los criollos, mestizos e indios Tobas y Matacos. Los alzados pretendían tomar Jujuy. Su demora permitió que el gobernador de Tucumán recibiese ayuda de la segunda columna llegada de Buenos Aires y derrotase a los insurgentes. Quiroga logró partidarios afirmando ser agente de Túpac Amaru, "cuyo maldito nombre ha hecho perder el sentido a estos indios, pues muchos de mediana comodidad, y que la pasaban muy bien se sumaron al movimiento". El jefe alzado huyó. Sus partidarios fueron sentenciados a muerte o marcados con una *R* al rojo vivo como signo de su rebeldía. Poco después el destacamento siguió su marcha y entró en Chuquisaca un día después que Reseguín.

Roto el primer sitio, parte de los indios solicitó el perdón. Los más viles entregaron a la esposa de Túpac Catari para obtener el perdón, "procurando de este modo sanar un vicio con un crimen". Pero entre los presuntos arrepentidos llegaron algunos espías enemigos. Ubicado a una legua de la ciudad, el incansable Túpac Catari hostilizaba a los defensores y entorpecía las comunicaciones realistas. Cansado de sus correrías, Flores intentó destruirlo sin éxito. Entonces ubicó su cuartel general a dos leguas de La Paz. De inmediato Túpac Catari ocupó parte de sus antiguas posiciones y reinició un parcial asedio. Como los cochabambinos, enriquecidos con los despojos, pidieron volver a sus hogares, Flores decidió retirarse al sur. La noticia fue muy dura para los defensores de La Paz, pero la aceptaron como una solución circunstancial. De inmediato (4-VIII-1781), Túpac Catari reinició el sitio de la ciudad que volvió a defender Segurola.

La situación de la ciudad se agravó, cuando Andrés Mendigure sumó sus fuerzas a las de Túpac Catari para rendir la ciudad. El nuevo jefe era hijo de doña Cecilia Túpac Amaru y de Pedro Mendigure, es decir sobrino del caudillo. Antes de los 19 años era famoso por su valentía y astucia. Producida la captura de su tío en Langui, él huyó al sur con su tío Diego Cristóbal. Dejándolo en Azángaro, continuó su marcha en busca de gente para continuar la lucha y auxiliar a Túpac Catari. Puso sitio a Sorata (4-V-1781), lo mantuvo cerca de tres meses, lapso interrumpido por conatos de negociaciones, cuando ideó una manera de convertir el moroso ataque en una rápida y definitiva victoria. Primero ordenó reclutar el mayor número de hombres. Invocó de pretexto ayudar a su padre, el virrey de Lima don José Gabriel Túpac Amaru, estratagema copiada de un Edicto de su tío Diego Cristóbal. Después hizo recoger en un "lago espacioso las aguas que vierte el cerro nevado de Tipuani" y soltándolas bruscamente consiguió debilitar la capacidad defensiva de los sitiados y apoderarse de la población (5-VIII-1781), que saqueó y obtuvo un riquísimo botín. Acreditado con esta victoria y el apoyo de Diego Cristóbal, pasó a La Paz y ocupó las alturas. El vigor de los nuevos ataques aumentó, pero Segurola a la espera de auxilios efectuó prodigios de valor y resistió imperturbable. Cada acometida, al parecer irresistible, encontraba su correspondiente respuesta. Los ataques nocturnos tuvieron éxito igual a los diurnos.

Matizando el ardor de la lucha por ambos bandos, fueron ensayadas algunas tretas para capturar a Segurola y a Túpac Catari. Para doblegar a La Paz, Andrés Mendigure pensó aplicar igual táctica que en Sorata. Pero en la noche del 12 de octubre, el depósito reventó prematuramente e inundó parte de la ciudad, arrastró uno de los puentes y produjo un gran terror en la población. Se hablaba ya de abandonar La Paz, cuando un vendedor de harinas, arriesgando su mercancía para obtener mejor precio, avisó la proximidad del ejército de auxilio.

Flores había logrado reunir un ejército de 5 000 hombres. Pero siendo imposible abandonar la región, otorgó el mando a Reseguín. Previo aniquilamiento de las avanzadas rebeldes, éste marchó en dirección a la ciudad sitiada y levantó el segundo sitio (17-X-1781). Túpac Catari se retiró al Santuario de las Peñas, uniéndose con Andrés Mendigure. Reseguín que comenzó atacando a Túpac Catari, inició negociaciones de paz mientras espiaba un momento favorable para sorprenderlos. Miguel Bastidas creyó en la buena fe de Reseguín y fue capturado. Para apresar a Túpac Catari, el jefe realista armó una celada. Contaba con la complicidad de Tomás Inca Lipe, llamado "el bueno", confidente del caudillo altoperuano. Éste daría una fiesta en honor a Túpac Catari. Amparados en la oscuridad, cien milicianos rodearían el lugar y lo apresarían. El plan marchó sin obstáculos, pero estando en su mejor momento "un presentimiento secreto de su infortunio" le impelió a retirarse. Tomás "el bueno" se contentó con observar traidoramente la ruta del caudillo. Cuando tardíamente llegaron sus perseguidores, la indicación de aquél les permitió apresarlo con muchísimo esfuerzo. Un breve proceso fue sustanciado por el oidor chileno Diez de Medina —impedido de volver a su tierra por la rebelión. Túpac Catari recibió castigo igual al de Túpac Amaru (13-XI-1781), con la horrible diferencia que su cuerpo fue despedazado por los caballos. Andrés Mendigure logró fugar y reunirse con su tío Diego Cristóbal. Casi un año después sufría la pena de horca su esposa doña Bartolina Sisa y su hermana doña Gregoria Apasa. Por último, a principios de 1783, apresaron al hijo de Túpac Catari, de 10 años, cuidadosamente oculto por los familiares de Túpac Amaru. A pesar de la captura de los principales jefes, quedaron grupos aislados sin dar crédito a las falsas promesas de las autoridades.

La tranquilidad parecía lograda en las provincias del obispado de La Paz, a excepción de la quebrada de Río Abajo. Preparada una expedición al mando de Segurola —por enfermedad de Reseguín—, quedó postergada al brotar nuevos disturbios en las provincias de Larecaja y Omasuyos. Los indios enfurecidos habían dado muerte a niños y mujeres españolas en diferentes pueblos. La campaña fue muy dura, pero victoriosa. Por entonces Mariano Túpac Amaru estaba nuevamente en las provincias de La Paz. En Chucuito el rebelde Melchor Lahura fue vencido y entregado por los indios de Pomata como precio de su perdón. Finalmente Segurola marchó a Río Abajo, lo pacificó sin combatir y a mediados de junio de 1782 retornó a La Paz.

A pesar de los triunfos anteriores, persistía la sedición alimentada por el jefe indio Arauco. La pacificación definitiva fue encomendada a Reseguín —curado ya de sus dolencias. Con decisión batió al jefe rebelde que ocupaba una posición inexpugnable. Desde entonces un supersticioso terror le adjudicó poderes sobrenaturales entre los indios. Sin embargo como Arauco logró huir, la guerra parecía interminable. Entre los indígenas que solicitaron el perdón estaba la joven Ana Huallpa. Su clara inteligencia llamó la atención de Reseguín, convirtiéndose en "otra doña Marina, a quien debió

Cortés tantos aciertos". Por propia iniciativa descubrió al jefe realista propósitos ocultos de los indios, sus falsas promesas de paz, maneras de vivir y sus tortuosos medios para mantener a sus partidarios en la lucha sin perder la esperanza del triunfo. Estos informes permitieron a Reseguín planear y ejecutar la ofensiva que aniquiló la resistencia. Escarmentados los naturales, pidieron el indulto y cumplieron escrupulosamente sus promesas. Cuenta el presbítero Sawaraura que al finalizar la guerra en las provincias del obispado de La Paz, era aterrador el número de muertos "pues leguas enteras había de indios destrozados".

BIBLIOGRAFÍA

AGI, Audiencia de Buenos Aires, Legajos 319, 321, 322.
Audiencia de Charcas, Legajos 583, 592, 594, 595, 596, 597, 598.

AMCDV, nº XV.

(1) pp. 40-42, 110-13, 176-83.

(1) pp. 106-10, 127-37, 143-44.

(18) Documentos varios.

(21) pp. 50-68, 87-191, 268-78.

(22) pp. 25-52, 75-83, 102-08.

XXI. ÚLTIMOS SUCESOS

El acatamiento general de los jefes rebeldes y los esfuerzos de las autoridades peninsulares por reducirlo y eliminarlo, señalan a Diego Cristóbal como el legítimo y directo continuador de José Gabriel Túpac Amaru. Por esto, con la ejecución de Diego Cristóbal concluyó definitivamente la etapa peligrosa de la rebelión y llegarán tiempos de aquietamiento.

Al retornar al Cusco la primera expedición, el visitador Areche se trasladó a Lima. Como supremo jefe civil y militar quedó el mariscal de campo Del Valle, cuyo principal propósito fue asegurar la tranquilidad de las poblaciones del río Wilcamayo que sufrían constantes ataques. Para esto reforzó, al noreste, las defensas de Paucartambo y, al sur, las de Sicuani. Los indios de Juliaca y Paucarcolla recibían el perdón por su fidelidad pero, al mismo tiempo, sufrieron castigos de Diego Cristóbal.

La situación general del virreinato peruano era deplorable. La Real Hacienda confrontaba el problema de gastos que aumentaban en progresión creciente, mientras sus entradas disminuían. El comercio estaba casi extinguido por falta de seguridad en los caminos. Las haciendas, minas y obrajes manteníanse en el más completo abandono y el número de indios, las "verdaderas riquezas de las Indias", lamentablemente reducido. Las consultas entre el virrey Jáuregui y el visitador Areche dieron resultados favorables. Un Bando de perdón general fue publicado (IX-1781), añadiéndose la suspensión de los Tributos por un año, promesa ratificada por el Rey. Este decreto unido a los esfuerzos del obispo criollo Moscoso y Peralta y otros personajes, cambiaron la actitud de Diego Cristóbal y la de algunos jefes menores que continuaban resistiendo. Porque en un Bando de agosto el nuevo caudillo usa un lenguaje altanero y reivindicador, en cambio en otro de octubre da crédito a las promesas de perdón y aclara cómo las negociaciones de paz fracasaron al ser excluido por las autoridades en una parcial amnistía. Esta última exposición de Diego Cristóbal recuerda el texto de la Carta dirigida por Túpac Amaru al visitador Areche. Explica la inicua conducta de los corregidores como lógica consecuencia de la baja escala social a la que comúnmente pertenecían y el rápido ascenso, que incrementaba sus pretensiones y apetitos.

A fines de 1781 el sucesor de Túpac Amaru se inclinó a pactar y aprobó la decisión de su sobrino Bastidas que aceptó el perdón del Virrey. Sin embargo, la favorable disposición de Diego Cristóbal sufrió un retroceso viendo que se burlaba la amnistía con el apresamiento de su sobrino Mariano Túpac Amaru y la ejecución de Túpac Catari. La posibilidad de una inminente ruptura fue conjurada por oportunas gestiones del obispo Moscoso y Peralta y de Arias —jefe de la tropa de Arequipa. Éste logró firmar con Diego Cristóbal un tratado de paz en Lampa (11-XI-1781), cuya ratificación debía efectuarse en Sicuani ante Del Valle y el obispo Moscoso y Peralta con ocasión de pasar por dicha población las tropas de la segunda expedición pacificadora.

En el Cusco los preparativos para una campaña definitiva demoraban más de lo prudente. Se trataba de eliminar numerosos focos rebeldes, repoblar la villa de Puno y tomar contacto con las tropas de Flores y Reseguín en el Alto Perú. Los obstáculos se debían, en parte, a ocultas intrigas de Lagos, militar y funcionario de la Real Hacienda, enemistado con Del Valle desde que ordenó la despoblación de

Puno. Lagos envió secretamente al visitador Areche documentos donde aparecían 8 000 hombres sobre las armas. Como descargo mandó Del Valle un papel firmado precisamente por Lagos, donde constaba no haber más de 1 500 milicianos. Esto deshizo sus maquinaciones. Con las armas enviadas desde Lima y Arequipa, además de hombres y dinero, fueron concluidos los preparativos de la segunda expedición. El mariscal de campo Del Valle pudo salir del Cusco (10-I-1782), encabezando un ejército de 3 000 hombres. La dirección del gobierno quedó a cargo de Avilés —futuro Virrey. Con la expedición marchó el obispo Moscoso y Peralta, viaje que le sirvió para indagar la conducta presente y pasada de sus eclesiásticos.

Perfectamente informado del avance y ruta de la expedición, Diego Cristóbal pasó a Sicuani "con notable resistencia de los indios, que no creían ser efectivo el perdón". Abandonado en el trayecto por la mayor parte de su escolta, entró acompañado por 50 hombres. Refiere Del Valle cómo al llegar el jefe rebelde frente a su tienda, bajó del caballo y entró algo turbado. Pero él le reiteró la protección real a su persona siempre que cumpliese fielmente sus promesas de sumisión.

La ceremonia del indulto y juramento de fidelidad fue llevada a cabo en Sicuani (27-I-1782), habiéndose levantado el día anterior la excomunión a Diego Cristóbal y sus familiares. El acto se realizó en la iglesia, ante las autoridades, oficialidad en pleno y un crecido gentío de españoles, criollos, mestizos, cholos e indios. El Auditor de guerra leyó en voz alta el texto oficial. La entrega total del armamento se haría en un plazo no mayor de 12 días, lapso vigente asimismo para la presentación voluntaria de los ausentes que deseaban acogerse a la amnistía. Diego Cristóbal prestó el juramento y entregó su espada a Del Valle. Tomóla éste y se la devolvió para que con ella ayudase la pacificación de los pueblos todavía rebeldes, mientras el Alférez real batía por tres veces sobre su cabeza el estandarte "que sirvió en la conquista de este reino". Al finalizar la ceremonia, indígenas de diferentes provincias bajaron a solicitar el perdón. Hechas las paces, acompañado por Diego Cristóbal, Del Valle continuó hacia el sur mientras el obispo Moscoso y Peralta retornaba al Cusco. En Lima (20-II-1782), el virrey Jáuregui publicó un Bando sobre "la rendición" de Sicuani y la total pacificación del sur.

Sin embargo, se produjeron nuevos choques. Uno de los comprendidos en el indulto era Pedro Vilca Apasa, quien poco después se dirigió a reencender la lucha en los pueblos meridionales. Del Valle marchó de inmediato en su persecución. Los indios abandonaron a Vilca Apasa, quien cayó prisionero por maniobras de su traidor sobrino Toribio. Juzgado sumariamente fue condenado a morir descuartizado "entre cuatro caballos". Antes de ser ejecutado, valerosamente gritó a la multitud: "Por este Sol aprended a morir como yo." Y como en el caso de Túpac Amaru, la fortaleza de Vilca Apasa impidió su despedazamiento.

Del Valle siguió hasta Puno y mandó repoblar la villa. La tarea quedó en manos del corregidor Orellana, ufano de haber retornado a su jurisdicción. De inmediato la expedición siguió por las provincias de Larecaja y Omasuyos, donde seguían resistiendo los rebeldes Carlos Nina Catari y Alejandro Calisaya. El primero acababa de ser derrotado por tropas llegadas de La Paz. Sin embargo, en un gesto de audacia atacó a Del Valle y obtuvo un nuevo revés, aunque logró escapar. Un soldado descubrió su refugio y logró darle muerte. Casi al mismo tiempo, Calisaya fue vencido por los realistas, auxiliados por el corregidor de Puno. También logró escapar, pero fue muerto por sus aliados los indios Lecos.

Punto final de la segunda expedición cusqueña fue el pueblo de Achacachi, capital de la provincia de Omasuyos, población donde se entrevistaron Del Valle e Ignacio Flores —flamante Presidente de la Audiencia de Charcas. Concluidas las conversaciones, Del Valle retornó al Cusco en compañía de Diego Cristóbal y llegó sin novedad a la ciudad imperial (4-VIII-1782).

Las milicias fueron licenciadas de inmediato, quedando solamente la tropa indispensable para la seguridad del Cusco y sus provincias. Con el fin de aniquilar restos de agitación provenientes de la parte noreste, partió Del Valle con un regimiento de caballería. En el camino comenzó a sentirse mal, hasta empeorar de manera grave en el paraje llamado Paullu. Trasladado al Cusco falleció al mes de haber terminado su segunda expedición. Con su persona se extinguía la figura más simpática de los personajes que combatieron la rebelión. Siguiendo los planes de su malogrado jefe, Avilés marchó a la zona turbulenta y logró aquietar la región.

El pacto de amistad propiciado por las autoridades españolas no era sincero. Fue un perdón metódico hasta poder encontrar un pretexto y condenar "legalmente" a Diego Cristóbal. La *Relación* del virrey Jáuregui da una base para esta afirmación. A Lima llegaban frecuentes y tendenciosas cartas de Avilés, señalando cómo de lugares diferentes venía gente que mostraban una excesiva veneración por el caudillo indultado. También sus sobrinos eran recibidos en los pueblos con grandes muestras de alegría. Recordaba el solemne entierro de José Gabriel Túpac Amaru en el Cusco y el traslado de los restos de Pedro Mendigure del lugar de los ajusticiados a la bóveda del templo con gran escándalo de la gente principal.

Síntoma del cambio inicial fue el viaje a Lima de Mariano Túpac Amaru y Andrés Mendigure y su internamiento en el Colegio del Príncipe, destinado a los hijos de los caciques. Finalizaba el mes de marzo de 1783 cuando un eclesiástico del obispado del Cusco denunció un movimiento subversivo en el pueblo de Marcapata. El corregidor de Kispicanchis quedó encargado de apresar a los alborotadores, cuyo promotor era Simón Condori. Del interrogatorio se llegó a la forzada conclusión de que la intentona obedecía a órdenes impartidas por Mariano Túpac Amaru, previa aprobación de Diego Cristóbal y de su madre doña Marcela Castro.

En posesión de estos datos, el virrey Jáuregui dictó orden de prisión contra los supuestos cabecillas de la revuelta. El corregidor de Kispicanchis, con astucia ejecutó los arrestos. Junto con Diego Cristóbal fueron puestos en prisión su madre doña Marcela y doña Cecilia Túpac Amaru. En Lima fueron encarcelados paralelamente Mariano y Fernando Túpac Amaru y Andrés Mendigure. Además, el corregidor de Tinta apresó a 100 personas más, sin distinción de sexo ni edad que formaban dos grupos: uno de 57 personas entre españoles, mestizos e indios, y otro de 63, casi todos pertenecientes a la familia Túpac Amaru. A fines de marzo el virrey Jáuregui publicó un grandilocuente Bando, explicando a su manera el motivo de tales arrestos. Para sustanciar el proceso fue enviado de Lima el oidor Matalinares. La muerte libró a doña Cecilia Túpac Amaru de nuevas humillaciones.

La injusticia del nuevo proceso era harto clara. El oidor Matalinares expresó claramente que la mayor parte de los acusados no tenían otro delito que apellidarse Túpac Amaru, familia cuyo aniquilamiento hasta la cuarta generación estaba recomendada. Respecto a Diego Cristóbal y sus familiares, manifestó no estar en condiciones de "fijar pie en cosa sustancial, particularmente en causa de nueva sublevación". Sin embargo, el Oidor expidió sentencia por razones de conveniencia política pero de notoria injusticia personal. Para cumplir la sentencia (19-VII-1783), llevaron a los reos de la cárcel a la plaza del Regocijo. Un contingente de soldados custodiaban el lugar del suplicio, mientras el resto rodeaba la plaza. Simón Condori y su hijo fueron ahorcados. Cuando tocó el turno a Diego Cristóbal, junto a la horca se colocó un brasero encendido con unas tenazas enormes. El pregonero voceó la sentencia y los verdugos comenzaron el "atenaceo", castigo que consistía en arrancar al reo trozos de carne con una tenaza al rojo. Diego Cristóbal soportó estoico el terrible suplicio, con la firmeza y el desdén de los héroes. Antes que muriese, con mucha prisa lo izaron en la horca. Después fue descuartizado y sus miembros expuestos públicamente en lugares diferentes. A Marcela Castro, madre de Diego Cristóbal, se le cortó la lengua, ahorcó y descuartizó. Juan Bautista Túpac Amaru, su madre, Ventura Monjares, y su esposa, Susana Aguirre, sufrieron prisión y destierro. En el camino a Lima, falleció la madre del medio hermano de José Gabriel Túpac Amaru. La mujer de Diego Cristóbal, Marcela Titu Condori fue condenada a destierro perpetuo. Castigos análogos recayeron sobre los dos hijos y el sobrino de Túpac Amaru. Del Cusco a Lima salieron 78 prisioneros, llegando tras un penoso viaje de dos meses.

Satisfecha la justicia real, los soldados y milicianos del Cusco fueron licenciados. Un "Estado demostrativo" de los gastos bélicos, de manutención y otros complementarios desde el 12-XI-1780 hasta el 31-VIII-1783 fue oficialmente elevada al comenzar el año 1784. Paralelamente, el Rey otorgaba a la ciudad del Cusco el título de *Fidelísima* "en memoria de los esfuerzos y lealtad con que la ciudad" detuvo el ataque de Túpac Amaru, "con igual tratamiento y prerrogativas que están concedidas y goza la capital de Lima". Concluidas las sanciones —dice un contemporáneo— empezó el Reino a respirar del susto en que había vivido. Se vieron ya "libres los caminos, restablecidas las poblaciones, y el erario en estado de disminuir los gastos". Aunque Areche manifestaba un panorama contrario en un informe al Rey, señalando la despoblación creciente y el éxodo hacia la costa. Caído el visitador Areche, su sucesor Jorge de Escobedo realizó lo que el Ministro de Indias Gálvez mandó: que todos los comprometidos sufriesen el castigo que merecían y los inocentes pasasen desterrados a España, pues no debía quedar en el Perú "ninguno de la infame y vil familia de los fingidos Túpac-Amaru". Corolario de aquellas medidas fue una gran quietud externa y una gran tirantez interior, cuyo lógico final sería la independencia. Entre las medidas complementarias adaptadas están: prohibir la circulación de los *Comentarios Reales* de Garcilaso Chimpuocllo (Aranjuez 21-IV-1782) y restringir las Informaciones genealógicas de nobleza incaica. En la Universidad de San Marcos fue extinguida la cátedra de Kechua.

Simultáneamente al proceso contra Diego Cristóbal y sus parientes, brotó en Huarochirí —a las puertas de Lima— un levantamiento encabezado por Felipe Velasco Túpac Ãnca Yupanki. Invocando el nombre de Túpac Amaru, monarca del Gran Paititi, publicó un Bando de convocatoria a todas las gentes para empuñar las "armas defensivas". Ciriaco Flores fue nominado Capitán General e indígenas prominentes de la provincia recibieron cargos menores. La noticia sorprendió al corregidor Felipe Carrera. Pero reaccionando emprendió una rápida marcha, sorprendió y tomó prisionero a Velasco Túpac Inca Yupanki e inmediatos colaboradores. Iniciado el expediente criminal, Carrera pretendió marchar a Lima. Atacado, tuvo que retroceder y con auxilios de los peninsulares reemprendió el camino y entró en la capital. El esfuerzo dado por el virrey Jáuregui permitió aquietar la provincia. Posteriormente otros cómplices fueron descubiertos en la ciudad de los Reyes, siendo ajusticiados Velasco Túpac Inca Yupanki, Flores y sus partidarios a mediados de 1783.

Bibliografía

AGI, Audiencia de Lima, Legajos 1044, 1045, 1046.
Audiencia del Cusco, Legajos, 16, 17.
AMCDV, Núms. VII, IX, XV.

(1) pp. 108-27, 133-55, 176-200.
(6) p. 36.
(36) pp. 47-48.

XXII. REPERCUSIONES SUDAMERICANAS

LAS NOVÍSIMAS medidas económicas de la Corona produjeron un general malestar en las colonias, agobiadas con tantos impuestos. En el Alto Perú y Buenos Aires, Chile, Quito, Nueva Granada y Venezuela ocurrieron hechos que, en una u otra forma, delataban análogo malestar al que sufrían los habitantes del Perú. Por su estrecha vinculación se ha tratado ya la situación general en el territorio del virreinato de Buenos Aires y, especialmente, en la zona correspondiente a la Audiencia de Charcas en el Alto Perú.

En la capitanía general de *Chile*, bajo el gobierno del brigadier Ambrosio de Benavides, acaeció un conato singular. Sus antecedentes se remontan a cuatro años antes, durante el gobierno de Jáuregui —futuro virrey del Perú—, cuando se expulsó a un funcionario que arbitrariamente quizo aumentar las entradas reales y quedó un ambiente de inquietud. El caso fue que el regente Álvarez recibió una denuncia de un abogado (1-I-1781), acerca de una conjuración tramada por dos franceses con el fin de arrojar a los españoles y establecer un gobierno independiente. Sin comunicar a nadie la sensacional revelación, el Regente trató de averiguar la verdad de esta noticia. De inmediato ordenó al denunciante que continuase en su papel de conspirador, debiendo "pasarle diariamente una noticia detallada de cuanto les oyera y de cuanto ejecutaran".

Eran cabezas del conato los súbditos franceses Antonio Gramusset y Alejandro Berney. Gramusset había llegado a Buenos Aires en la comitiva de un personaje español. Pasó luego a Chile y enseñó latín en el Colegio carolino. Cuando intentó dictar lecciones de matemáticas fue injustamente postergado. Sin embargo, permaneció como residente dedicado con tesón pero sin mucho éxito a trabajos agrícolas y mineros y al perfeccionamiento de una máquina hidráulica.

Como principales colaboradores tuvo el aristócrata chileno José Antonio Rojas y al peruano Manuel José Orejuela. Rojas era un sujeto joven y muy rico, emparentado con familias distinguidas. Cuando el presidente Amat ascendió a virrey del Perú, vino como ayudante suyo. Más tarde desempeñó el cargo de corregidor de Lampa. Al concluir su gobierno, Rojas viajó a Europa. Su estada en Francia modificó sus ideas. Vuelto como "súbdito rebelde en el fondo de su alma", trajo instrumentos de química y física, además de una selecta biblioteca. Para burlar la vigilancia de la censura "cuidó de hacer poner en el lomo de las obras que habrían podido alarmar títulos falsos, pero mui inocentes". El limeño Orejuela había efectuado por muchos años el tráfico marítimo entre las costas del Perú y Chile. Por entonces se encontraba en vísperas de expedicionar con fuerzas militares a la región de Patagonia. Se dice que habría prometido desistir de la expedición y sublevarse en Valdivia. Por último, existían otros cuatro cómplices de diferentes nacionalidades.

Gramusset y Berney escogieron para levantarse el momento preciso en que Inglaterra y España estaban en guerra, con la esperanza de que lo acaecido en las colonias norteamericanas se repitiese en Chile. Ambos prepararon un plan, en cambio Berney fue el autor único de la Constitución que debía regir el futuro Estado. Se acordó que cada uno de los conjurados buscaría un adherente, éste a su vez realizaría cosa igual sin dar a conocer por ningún motivo el nombre de los jefes o de los otros comprometidos. El día señalado para el levantamiento, los conjurados harían correr la falsa noticia de avistarse naves inglesas. Aprovechando de la alarma y otros factores propicios, podrían lograr el triunfo sin experimentar pérdidas de ninguna especie. Ya proclamada la independencia, armarían un ejército de tierra y organizarían la marina. La forma de gobierno inicial sería una dictadura. La Constitución para el futuro Estado fue escrita en la hacienda "Polpaico", cuyo propietario era Rojas. Chile se convertía en una república popular representativa, donde la pena de muerte, la esclavitud y las jerarquías sociales habrían desaparecido. La pequeña propiedad recibiría un poderoso fomento al ser divididos los grandes latifundios en porciones iguales y numerosas. Organizado el ejército con fines defensivos, se decretaría la libertad de comercio con todas las naciones del mundo, sin excluir a España. Terminada la redacción de tan importante documento, eje del cambio político chileno, Berney pasó de Polpaico a Santiago y en el camino perdió su manuscrito.

Reunidos los datos necesarios, el Regente elevó la denuncia oficial reservada ante Benavides. La detención de ambos franceses se realizó el 10 de enero y se tramitó el proceso en el mayor sigilo. La sentencia (5-II-1781) ordenaba que los reos, con el atestado correspondiente, pasasen a España por la vía de Lima. En cuanto a Rojas y Orejuela no sufrieron molestia alguna porque sus vastas relaciones impedían procesarlos en secreto y se trataba de evitar que ninguna idea de libertad turbase los oídos de la gente común. Berney y Gramusset estuvieron presos cerca de cuatro años. Como España estaba en guerra contra los ingleses, las autoridades temían enviarlos a la metrópoli. Solamente en abril de 1784 ambos reos fueron embarcados en los navíos *El Peruano* y *San Pedro Alcántara*, junto con los sentenciados por la rebelión de Túpac Amaru. Como el navío sufriera desperfectos en el timón, Gramusset se ofreció a repararlo a cambio de quitársele las cadenas durante el resto de la travesía. Pero el capitán olvidó la promesa en cuanto concluyó la reparación. Al llegar al puerto de Cádiz fue conducido al castillo de Santa Catalina donde falleció. Berney embarcó en el *San Pedro Alcántara.* Graves averías obligaron su retorno de Talcahuano al Callao. Reparado, partió rumbo a España. Navegaba frente a las costas de Portugal cuando se hundió. Berney y Andrés Mendigure murieron ahogados en el naufragio. Aunque el conato de los franceses pasó desapercibido en Chile, posee una gran importancia para estudiar los antecedentes de la independencia americana dado su decidido republicanismo y ecuménico aliento de innegable grandeza en el estrecho panorama político de la época. Pocos meses después hubo en Chile la tentativa del cacique Chicaguala, "uno de los destinados en Santiago con nombre de Embajador, y otros aliados suyos que acordaron conmover sobre nuestra Frontera á imitación de los Reveldes del Perú muchos disturbios, ello se cortó de golpe por las medidas que tomé con las primeras noticias que tube de sus intentos sin ruidoso estrépito ni efusión de sangre con la sumisión de todos a la Capitanía General en cuia correspondencia se verá este succeso, y para observar con más inmediación los movimientos de los Yndios desafectos que havitan estas cordilleras y Llanos al Sur del Biobio voy a emprender mi acostumbrado viaje anual a la expresada Frontera, y tratar con sus Caciques la continuación de la paz, en cuio sistema no habrá novedad, antes puede V.E. estar sin cuidado pues io le prometo con toda confianza de que por estos lados no habrá movimiento sensible ni tampoco en la conducta de los españoles chilenos, y mestizos de estos lugares" —escribía O'Higgins al ministro de indias Gálvez (25-IX-1781).

En *Quito* brotó un conato, como repercusión directa del levantamiento de Túpac Amaru. Años atrás se habían registrado diversos movimientos, ya por haber querido anticipar la cobranza de los tributos, ya por intentos de imponer nuevas contribuciones, ya por otros motivos análogos. Las noticias recibidas del sur, sobre la rebelión de Tinta, y las del norte, acerca de la insurrección del Socorro, unido al estado de guerra contra los ingleses, produjo una gran inquietud en el presidente de la audiencia de Quito, José García de León y Pizarro, y entre las autoridades. Esta vaga ansiedad se concretó al saber León Pizarro que desde Quito remitían cartas a Túpac Amaru "animándole a que siga su empresa", estando comprometidos un fraile, un escribiente y un ebanista. Le ofrecían colaborar mediante un pronunciamiento oportuno si sus tropas llegaban hasta su jurisdicción. Miguel Tovar y Ugarte, escribiente del Tribunal, estampó las frases dictadas por fray Mariano Ortega. Los papeles serían remitidos a su destino, ocultos "entre las suelas de los zapatos, hechos a propósito para aquel objeto", sirviendo de mensajero el ebanista Francisco Fajardo. Incapaz de afrontar tan grave responsabilidad, por cobardía o conveniencia, delató Fajardo toda la trama al Secretario de la Vista de Quito. Tovar y Ugarte fue arrestado de inmediato y con el mayor sigilo, descubriendo las autoridades que poseía documentos comprometedores. Urgido por sucesivos tormentos, denunció al padre Ortega. Fue sentenciado a 10 años en el presidio de Chagres, muriendo sin alcanzar a cumplirlos. Astutamente, el padre Ortega no fue molestado porque era fácil neutralizarlo y, además, porque se quería que la situación no empeorase descubriendo escándalos precisamente entre quienes debían dar ejemplo de acrisolada fidelidad monárquica.

A principios de 1781 se inició en el Virreinato de

Nueva Granada un movimiento de protesta armada, precedido por alborotos ocurridos el año anterior. Ocupaba el cargo de visitador Juan Francisco de Gutiérrez y Piñares, cuyo nombramiento entorpeció las atinadas medidas del virrey Manuel Antonio Flores en materias de hacienda y comercio. Concretamente privado de la dirección económica, decidió el virrey Flores "no dictar providencia alguna, dejando al arbitrio del Visitador la administración del virreynato, suscribiendo y aceptando ciegamente", sus órdenes. El plan económico de Gutiérrez de Piñeres era harto superficial a falta de dinero, nuevas contribuciones. Las medidas inmediatas del Visitador consistieron en variar las condiciones existentes sobre la venta de tabaco y aguardientes, imponer el pago de derechos para la Armada de Barlovento y extender el impuesto de la Alcabala a los artículos de primera necesidad. El comienzo de esta política irritante está señalada por la publicación de su Instrucción General, dada en octubre del año 1780.

Finalizaba el año cuando hubo graves disturbios en las parroquias de Simacota, Mogotes y principalmente Charalá, donde principia a destacar la figura de José Antonio Galán. Estos primeros síntomas de malestar colectivo quedaron sin castigo, porque con el peligro de ataques ingleses a la costa el virrey Flores y la mayor parte de las tropas se habían trasladado a Cartagena. Las noticias acerca de la triunfal rebelión del "inca" Túpac Amaru —vencedor en Sangarara—, tuvieron la virtud de reavivir el ardor revolucionario. Cuatro meses después de aquellos síntomas iniciales (16-III-1781), al arrancar doña Manuela Beltrán el Edicto que ordenaba el pago de los derechos de Sisa y Barlovento comenzó la sublevación del Socorro, población donde había un mayor descontento "como que era la más industriosa y manufacturera". El nombramiento de jefe principal recayó en Juan Francisco Berbee, "un bastardo que tiene hogar en la villa y se codea con los principales del lugar". Como capitanes fueron nominados Mosalve, Estévez y Rosillo, quienes aceptaron el nombramiento "sin que sea menoscabo de su fidelidad al Rey y sólo cediendo a las amenazas de las plebes amotinadas". Breve lapso había transcurrido cuando los dos primeros fueron reemplazados por Plata y Ramírez. Reunidos los jefes del Socorro formaron el Supremo Consejo de Guerra. Su avasallante prestigio determinó que los Comunes o Cabildos de las poblaciones simpatizantes del movimiento nombraran sus jefes pero reconocieron la autoridad de los del Socorro. La rebelión se extendió por los pueblos y llegó rápidamente hasta territorio de la capitanía general de Venezuela. Las principales demandas de los Comuneros eran tres: libertad para el cultivo y venta del tabaco, reducción de la Alcabala y extinción de los impuestos más onerosos.

Paralelamente, Bogotá expresó su descontento a través de numerosos pasquines subversivos. Entre los indios y las castas populares de Nueva Granada, las noticias sobre la rebelión de Túpac Amaru "hizo una impresión muy nociva, abultándose su importancia y sus efectos". La estirpe imperial del rebelde jefe cusqueño llenaba la imaginación de las gentes. Túpac Amaru era frenéticamente vitoreado en los pueblos como "rey del Cusco". La tradicional fidelidad al monarca español parecía olvidarse, ya que el caudillo peruano llegó a ser formalmente proclamado "por rei de Silos de la provincia de Pamplona" —al noroeste del Socorro. El Bando publicado (24-III-1781) por "José I" es muy parecido al del Cusco. Por último, en los llanos de Casanare el cabecilla Javier Mendoza, titulándose lugarteniente del inca Túpac Amaru, puso en conmoción a los naturales y mandó clausurar "las iglesias e impedir todas las funciones del culto católico, para que los indios no asistieran a ellas".

Las nuevas de trastorno tan general, produjo una natural reacción entre las autoridades. A mediados de abril el Visitador envió hombres y fusiles al mando del capitán Barrera y el oidor Osorio, portando armas suplementarias para ser distribuidas entre la gente que se iría reclutando en el trayecto. Con el fin de contrarrestar el avance enemigo, los comuneros enviaron a su vez un contingente de 500 hombres casi desarmados, número que aumentó rápidamente a 4 000. Al llegar los realistas a la parroquia de Puente Real y conocer la proximidad de los alzados, trataron de fortificarse en las casas del lugar. Rodeados por sus enemigos, cuando todo vaticinaba una cruenta lucha, súbitamente la tropa arrojó sus armas al pueblo. Unos huyeron y otros engrosaron las filas contrarias, mientras los jefes se entregaron sin resistir y hubo quien huyó disfrazado de fraile. Los vencedores decidieron marchar de inmediato contra la capital del Virreinato, foco de las tiránicas medidas del visitador Gutiérrez de Piñeres. Las alarmantes nuevas llegaban a Bogotá (12-V-1781), cuando Túpac Amaru estaba ya preso y próximo a ser ejecutado.

Sin fuerzas para resistir, las autoridades fueron presas de enorme pánico. En el acuerdo de Bogotá se decidió que el Visitador pasase a Cartagena, en tanto que el arzobispo Caballero y Góngora y el alcalde Galaviz marcharían a negociar con los alzados. Llevaban la consigna de impedir, por cualquier medio, su avance hacia el sur. Con hábil diplomacia deberían de regatear concesiones, pero si los comuneros se empecinaban concederían todo lo que exigiesen sin intención de cumplir. Berbee y sus hombres avanzaron y entraron a Zipaquirá, sólo a 10 leguas de la odiada capital. Los jefes alzados presentaron 35 artículos (5-VI-1781), cuya aceptación selló nominalmente el éxito del levantamiento. El compromiso sólo fue ratificado por la Junta de los Tribunales, mientras con "sus banderas que fueron de guerra y ahora en són de triunfo" volvían al Socorro los comuneros anunciando su victoria. Precisamente entonces una sorda pero efectiva reacción empezó.

Desde Cartagena el virrey Flores desaprobó las cláusulas de Zipaquirá. Una poderosa expedición salió con rumbo a la capital. Los soldados subían por las aguas del Magdalena, al tiempo que el Visitador bajaba huyendo. La obra de pacificación fue coordinada. De una parte "el arzobispo, con el clero", y de la otra los soldados. Al descubrir los comuneros que el convenio era violado precisamente por quienes habían jurado cumplirlo, intentaron reaccionar. Este sentimiento popular no era compartido, sin embargo, por los jefes. Temiendo a las fuerzas enviadas por el Virrey, no deseaban comprometerse de nuevo. Deserción tan general tuvo una excepción en el lealísimo Galán, a diferencia de los otros jefes que recibían prebendas. Berbee fue nombrado Corregidor. El arzobispo Caballero y Góngora influyó sobre el predispuesto ánimo de Plata, cuyos hechos desde entonces se orientaron a borrar para siempre el recuerdo de sus veleidades de alzado. El virrey Flores demoró tres meses, entrando recién en septiembre a Bogotá.

Anuladas las Capitulaciones de Zipaquirá, el restablecimiento de los odiados impuestos parecía reencender la lucha. La gente pedía un jefe y Galán estaba sin capitular en las provincias del norte. Pero las intrigas de poderosos adversarios, el desaliento de los suyos y la defección de otros jefes determinaron su ruina. Paralelamente, el Arzobispo cumplía una intensa campaña de aquietamiento en el Socorro y poblaciones cercanas, logrando calmar el recomenzado tumulto mediante seductoras promesas. Flores concedió el perdón general para todos los comprometidos en los pasados sucesos bajo la expresa condición de entregar las armas y retornar a sus pueblos. Neutralizando y casi solo retirábase Galán hacia los Llanos cuando Salvador Plata, el más vil de los jefes renegados, reaseguró su perdón mediante el despreciable acto de entregar a su antiguo jefe. Fue una persecución obstinada en la que Galán, paulatinamente debilitado, acabó por ser capturado con algunos fieles compañeros en una choza cerca de Onzaga. Plata y sus cómplices escoltaron a los prisioneros hasta el Socorro, desde donde se les envió convenientemente escoltados a Bogotá. José Antonio Galán, el más notable de los jefes rebeldes neogranadinos fue ejecutado (30-I-1782), descuartizado y públicamente expuesto, declarándose infame a su descendencia y su casa demolida y sembrada de sal. Tres de sus fieles partidarios sufrieron idéntica pena. El resto fue sentenciado a recibir azotes, confiscaciones y destierro perpetuo, mientras los jefes reconciliados aprovechaban el perdón del virrey Flores y sus beneficios económicos.

A *Venezuela* llegaron los efluvios del Socorro. Los rebeldes de Pamplona enviaron cartas a Cúcuta. Su poco éxito decidió el ataque contra la población. Encabezaban las huestes Carnero y Suárez, cuyos efectivos aumentaron durante la marcha de 800 a 2 000 hombres. Los enemigos de Cúcuta se entregaron sin lucha porque el pueblo estaba por los atacantes. Pero las tropas detuvieron su marcha en la frontera. Sólo los jefes y algunos hombres penetraron en territorio venezolano. Conforme pasaba por los pueblos se iba produciendo levantamientos. San Cristóbal será el primero en seguirlos. En el pueblo de La Garita el capitán García Hevia se convirtió en decidido adepto. En Lagunillas se oía insistente el grito de "viva el rey del Cusco" —alusión a Túpac Amaru. El dinero recibido en San Antonio, permitió continuar la empresa revolucionaria. El asustado gobernador de Maracaibo prometió suspender las contribuciones. Éste sosegó a los hombres pero no a las mujeres que los incitaban a continuar la empresa, perdida ya la fe en promesas equívocas. Los estupefactos pobladores escuchaban el texto de las Capitulaciones de Zipaquirá y se entusiasmaban. La marea revolucionaria logró llegar hasta Mérida sin encontrar otra oposición que la del clero, porque los Cabildos miraban los sucesos con reserva o secreta simpatía. Desde Mérida fue enviado un mensaje a los pobladores de Trujillo incitándolos a plegarse al movimiento y explicando sus motivos básicos. Pero la rebelión detuvo su marcha por la rotunda negativa de sus moradores a colaborar. Entonces la rebelión se debilitó en tierras de la capitanía general de Venezuela. Como lógica respuesta, las autoridades reaccionaron y empezaron las sanciones por desacato a la tranquilidad del territorio y desagravio del Rey.

Bibliografía

AGI, Audiencia de Lima, Legajo 1039.

(1) pp. 104-05, 150-52.
(10) t. I, pp. 420-22; t. II, 418-33.
Existe una extensa bibliografía genérica, cuyo estudio será materia de un ensayo futuro.

XXIII. FERNANDO TÚPAC AMARU

Tres fueron los descendientes del precursor prócer Túpac Amaru: Hipólito, muerto en el cadalso; Mariano y Fernando, desterrados. En el trayecto falleció Mariano. Su tío Juan Bautista los acompañó en el exilio. Así se cumplió el deseo de la Corte, del Virrey y de los funcionarios coloniales de Lima y Buenos Aires para que desapareciera la familia de los Túpac Amaru.

Después de contemplar aterrado la ejecución de sus padres, de su hermano mayor y de sus parientes, el niño Fernando Túpac Amaru estuvo bajo la tutela del obispo Moscoso y Peralta. Pero cuando el visitador Areche retornó a Lima, trajo consigo al niño y lo entregó al virrey Jáuregui. Éste lo depositó en el Colegio de Caciques o del Príncipe (15-VII-1782), aunque tuvo que revocar la orden al recibir mandato real para ponerlo "preso, y con toda custodia en el Castillo del Callao, hasta tanto que concluya la Guerra" y pudiese desterrársele a "cumplir la sentencia que le ha cavido".

Casi dos años habían pasado cuando se acató la orden de expatriación (13-IV-1784), demora explicable por la guerra contra los ingleses que concluyó en 1783. Los navíos *El Peruano* y *San Pedro Alcántara* condujeron a los desterrados, junto con productos varios y más de siete millones de pesos. En *El Peruano* fueron embarcados 29 prisioneros entre los que se encontraba Mariano Túpac Amaru, segundo hijo del caudillo, su tío Juan Bautista, con su esposa doña Susana Aguirre, y el francés Antonio Gramusset —procedente de Chile.[1] Durante la travesía fallecieron 18 de los exilados. Uno de ellos

[1] Véase el cap. XXII.

fue Mariano Túpac Amaru (27-VII-1784), cuando todavía no había cumplido 22 años. Después de una travesía de 10 meses, el navío entró en Cádiz a fines de febrero del año 1785. El *San Pedro Alcántara* condujo a Fernando Túpac Amaru, Andrés Mendigure y al francés Antonio Alejandro Berney. En carta del virrey Jáuregui al ministro de Indias Gálvez, se sugiere respecto a los prisioneros "no fixarles presidio en África, ni otro que esté expuesto a fuga... atendiendo á que si por algún inesperado accidente la consiguiesen y se apoderase de esta inicua familia alguna potencia enemiga de S.M., podría pertubar la tranquilidad de su soberano ánimo y la de estos Dominios". El *San Pedro Alcántara* sufrió averías de alguna consideración en las costas de Chile y retornó al Callao. Reparada, zarpó nuevamente. Aunque terminó por naufragar en Peniche, lugar de las costas de Portugal (2-II-1785). Andrés Mendigure y el francés Berney se ahogaron, mientras Fernando salvó milagrosamente. Tres días vagó libre, terminando por entregarse creyendo que el Rey le haría justicia y sería libertado. El menor de los Túpac Amaru tenía 16 años.

Los desterrados fueron encarcelados en los castillos de Santa Catalina y San Sebastián, permaneciendo en Cádiz cerca de tres años. Desde la prisión Fernando escribió a Carlos III (7-IX-1787), solicitando un justo perdón. Su prisión no provenía de haber delinquido sino de ser un hijo de Túpac Amaru, pues por "su inocencia ha estado siempre encerrado en el claustro sagrado de su puericia, sin otro conocimiento de lo que pasa en el Mundo, que el de correr tras las mariposas, embebido en estos y otros entretenimientos de la infancia" hasta el instante de su prisión. Un cautiverio cruel y excesivos sufrimientos hicieron que al "abrir el botón de la flor de su edad, en lo más risueño de la primavera, le sobrevenga (por un trastorno de la naturaleza) un invierno rigoroso", plagado de dolencias en la desesperante estrechez y humedad de su celda, padeciendo "inocente tanto tiempo un prolongado martirio sin otro delito que haber nacido".

Por entonces (1786), Gaspar de Ugarte defendía en España a sus hermanos Antonio y Gabriel. Al rechazar las acusaciones de complicidad con Túpac Amaru, afirmó ser una conspiración del obispo y del corregidor del Cusco y, en justicia, pedía mercedes para ambos, para su hermana y para un fraile franciscano hermano suyo. En abril del siguiente año, Gaspar daba cuenta que sus hermanos preparaban su viaje desde Lima hacía algunos meses. Y un semestre después, desde Cádiz, Antonio y Gabriel Ugarte avisaban su llegada a España. Muy posible es que supieran que Fernando y otros paisanos suyos estaban prisioneros en Cádiz. Más tarde, en Madrid tendrían interminentes contactos.

Con notorio retardo (26-IV-1788), llegó una orden para que los prisioneros fueran distribuidos en diversos lugares, seguirían rutas alejadas de Madrid o de lugar donde "se hallare Corte". Fernando Túpac Amaru, el único de los hijos del prócer que llegó a vivir en el destierro, pasó a las Escuelas Pías de Getafe, su tío Juan Bautista viajó a Ceuta, Miguel Batidas, su mujer e hija a Zaragoza, Paula Castro y María Luque[1] entraron en el Colegio de Monterrey (Madrid), Francisco de Castro marchó a Zaragoza, José de Castro a Lérida, Nicolás Victoriano a Daroca, Pedro Nolasco Zimbrón a Burgos, Francisco Ruano a Ciudad Rodrigo y un grupo de eclesiásticos fue recluido en los Conventos de Capuchinos y del Salvador de Madrid. Hay constancias de pagos por conceptos de alimentos, ropas y muebles para los desterrados.

1 Seis años más tarde, ambas fueron remitidas al Cusco por la vía de Buenos Aires.

Casi un año después del fallecimiento de Carlos III, Fernando solicitó desde Getafo (10-IX-1789) permiso para pasar al Colegio del Avapiés y tener la oportunidad de contemplar la ceremonia de coronación de Carlos IV en los cuatro días que durarían las ceremonias y festejos. Añadía que esta ocasión sería positiva para su mejoramiento cultural. Aclaró que por su aprovechamiento en Filosofía contaba con la aprobación de su maestro, como estudiante "suficientemente instruido en los respectivos ramos de la Gramática, Rethórica, y Poética". La respuesta fue positiva. Al informar el Rector de las Escuelas Pías de Getafe que Fernando poseía ya una educación suficiente, fue sometido a un examen vocacional para ver "si la tenía del estado eclesiástico". Efectuados los sondeos necesarios, el joven Túpac Amaru respondió que obedecería cualquier mandato del Rey pero "que no le llama Dios a el Estado eclesiástico". Ante respuesta tan contundente, el monarca mandó indagar sobre el tipo de carrera laica que estaría dispuesto a seguir. Fernando expresó su deseo de ser funcionario de la administración pública, sugerencia que fue aceptada en principio.

En el Colegio del Avapiés, desde donde podía concurrir a los estudios de San Isidro el Real, solicitó Fernando (18-VIII-1792) se le colocase en alguna oficina por ser versado en "Gramática, Aritmética y Filosofía" y estar ejercitándose "actualmente en la Pluma y Aritmética". Como insistiese en hallar un puesto administrativo, recibió una vaga contestación favorable. Su origen familiar seguía despertando desconfianzas. Por último para responder a sus constantes requerimientos, se le prometió colocarlo cuando disminuyese un poco "el fuego fatuo de que su imaginación se halla algo inflamada". Como compensación transitoria se le asignó una pensión anual de 7 000 reales al año, suma aumentada a 9 000 al pretender la plaza de Contador de Resultas del Tribunal de la Contaduría Mayor o la de Archivero de Rentas Provinciales de Madrid (6-VII-1793). Su petición fue desechada oficialmente, porque dichos empleos ya estaban conferidos. Aparece un lapso negativo. Su situación económica empeoró y su salud sufrió serios quebrantos. El hijo menor del inca Túpac Amaru estaba convertido en un insolvente y un enfermo. Entre sus numerosos acreedores hay un sastre, reclamante del resto de una deuda mayor incancelable.

Al comenzar el año 1798, Fernando fue atacado de una "enfermedad grave y peligrosa". Quedó en el estado "más lamentable, faltándole lo preciso a sostener los gastos de alimentación, y medicinas, como son baños minerales" que debía tomar en Salzedón. El certificado expedido por el médico de número de los Reales Ejércitos y del Real Colegio de Medicina de Madrid, Francisco José de Rivas y Peralta (15-VI-1798) es sombría. Testimonia haber atendido en varias enfermedades a Fernando Túpac Amaru, aquejándole desde el mes de enero de una "melancolía hypocondríaca, produciendo tales síntomas que indican grave peligro; por cuya razón ha sido necesario que reciba los Santos Sacramentos; y no habiendo podido tomar por suma indigencia, las medicinas que eran conducentes a su enfermedad, se halla en el día tan agravado que solamente los aires y aguas minerales de Salzedón pueden ser el único remedio para su alivio". Por entonces aparece una mención oficial sobre gestiones de Fernando para que se le pague su pensión sin hacerle descuento alguno (23-VII-1798), por tener hipotecada la mitad de sus entradas. La última huella corresponde al documento oficial de 19 de agosto, avisando "el fallecimiento de D. Fernando Túpac Amaru, y nada hay ya que hacer sobre sus pretensiones". Así concluye, en 1798, la atormentada existencia y superlativos sufrimientos de Fernando Túpac Amaru, hijo menor de José Gabriel Túpac Amaru y de doña Micaela Bastidas Puyucawa, juvenil figura, dulce y melancólica, cuyo signo fue un horrible y continuado sufrir sin esperanzas. Falleció allende los mares, atormentado por el recuerdo de tremendos infortunios y aplastado ya por un futuro desolador, sin otra perspectiva que el aniquilamiento, que la muerte.

Bibliografía

AGI, Audiencia de Lima, Legajos 1044, 1049.
Audiencia del Cusco, Legajo 32.
AHM, Col. Matalinares, tomo LVII.
AMCDV, nos. XII, XVIII.

(3) pp. 107-49.
(23) pp. 10-29.
(32) Rev. Inst. Americano de Arte (Cusco), nº 9, pp. 77-80.
(37) pp. 819-21, 840-56.

XXIV. UN TÚPAC AMARU EN LA INDEPENDENCIA

> En Europa se castigan pequeños crímenes, y a los grandes se les tributa culto.
>
> JUAN BAUTISTA TÚPAC AMARU

LAS ANDANZAS y desventuras de Juan Bautista Túpac Amaru, medio hermano del caudillo precursor de la independencia plena del Perú, constituyen un compendio de las vejaciones sufridas por aquella familia altiva de los Túpac Amaru, cuya extinción persiguieron tenazmente las autoridades españolas invocando razones de índole política. También supervivió Miguel Bastidas, hermano político del prócer. Éste quedó en la península, aquél retornó a la América.

Miguel Bastidas Puyucawa, hermano de doña Micaela Bastidas, se entregó en el Alto Perú cuando luchaba al lado de Túpac Catari. Bastidas fue de los primeros que se acogieron al perdón general dado por el virrey Jáuregui a fines de 1781, mientras que Diego Cristóbal quedó todavía en una prudente reserva. Preso y desterrado, pasó a residir en Zaragoza. El año 1812, estando la Regencia en Cádiz, reclamó el usufructo de sus propiedades en Tinta. El pedido fue transcrito a la Audiencia del Cusco, que corrió traslado al subdelegado de Tinta, documento rubricado entre otros por el famoso oidor y jurista Manuel Lorenzo de Vidaurre, sin obtener resultado alguno por el largo trámite y el cambio de política al retornar Fernando VII al poder. Años más tarde, al producirse la revolución liberal de Del Riego, Bastidas presentó una Representación solicitando un aumento de pensión por estar "reducido en los últimos años de su vida al estado de mendicidad". Las Cortes escucharon su pedido (14-VII-1823), elevando el monto de su pensión que, a su fallecimiento, pasaría a su esposa y a falta de ésta a su hija.

Juan Bautista Túpac Amaru es figura casi anónima durante la rebelión. Su persona se patentiza en el lapso final del movimiento, cuando Túpac Amaru estaba a la defensiva y próximo a ser traicionado. Condenado en 1781 se salvó acogiéndose a un perdón general. Pero sentenciado nuevamente en 1783, salió desterrado del Cusco para no volver jamás. Su viaje a Lima se efectuó en dos etapas: la primera hasta Huamanga, la segunda desde la famosa ciudad virreinal. En el tramo inicial murió su madre, doña Ventura Monjarras, atormentada por la sed y "su pérdida obró sobre nosotros con una opresión inexplicable", cuenta su hijo y testigo presencial. Tras dos meses de privaciones entraban en la Ciudad de los Reyes, al finalizar noviembre de 1783.

Los condenados pasaron de inmediato al presidio del Callao, ocupando un calabozo que "tenía por toda comodidad una cadena atravezada". Los centinelas especulaban económicamente con los permisos para satisfacer sus más imperiosas necesidades. Era una cotidiana tortura material y moral "sufrir la presencia de nuestros compañeros en todas nuestras diarias secresiones" o ver el temblor de los atacados por las tercianas, hecho que despertaba la vil hilaridad de los carceleros. El viaje a España fue una renovación de los padecimientos y humillaciones experimentadas en la ruta de Cusco a Lima. Tan escaso era el alimento que los prisioneros siempre estaban hambrientos y "en estado de tomar los huesos que echaban hacia nosotros a la hora de comer aún cuando oíamos que lo hacían por desprecio y comparación con los perros". Del Callao navegó a Río de Janeiro en *El Peruano*. Tras una detención de cuatro meses, pasó a la península. Nadie auxilió durante la travesía a los condenados. Al desembarcar en Cádiz su esposa había fallecido y él llegó a la prisión sostenido por dos soldados.

Las autoridades ordenaron que viviese en la casa de un platero. El sufrimiento que le deparó la compañía de aquel hombre, determinó su desesperada súplica por vivir aislado —petición aceptada por las autoridades. Como el desterrado cusqueño hablaba defectuosamente el castellano y desconocía las costumbres, quedó impedido de satisfacer muchas de sus necesidades. El esfuerzo que hizo por adquirir cierta educación excitó el "escarnio y la pifia". Decidió entonces alquilar un huerto y vivir en la más completa soledad, dedicado al trabajo personal de la tierra. A mediados de 1813, casi 30 años después de su destierro, Juan Bautista trabó conocimiento con el agustino Marcos Durán Martel, hecho que transformaría de manera radical su existencia. Este eclesiástico era también un exilado, sancionado por su participación en el levantamiento huanuqueño de 1812 que acaudilló Crespo y Castillo.

Al conocer su historia mutua, ambos iniciaron una estrecha y perdurable amistad. Notando cómo la avanzada edad de Juan Bautista le impedía cumplir las duras faenas del campo, el eclesiástico se hizo cargo del trabajo y cuidó de su salud y comodidad. Entonces renació en el anciano cusqueño la esperanza de retornar a su remota tierra, al compás de las favorables noticias sobre los progresos de la revolución americana. La ocasión se presentó en 1820. La revolución liberal de Del Riego otorgó la libertad a los americanos apresados por delitos políticos. Después de múltiples gestiones Juan Bautista pasó al puerto de Algeciras, no sin haber sufrido un grave accidente. Puesto al borde de la tumba, salvó nuevamente gracias a la abnegación de su entrañable amigo.

Obtenida finalmente la "licencia de mi libertad" y con algún dinero, ambos lograron viajar en un buque extranjero gastando la totalidad de sus ahorros. Las privaciones cotidianas, largamente soportadas, le produjeron ataques en los cuales Juan Bautista perdía por breve lapso el dominio de sus facultades. Al subir al barco tuvo uno de esos trastornos y la tripulación alarmada quería desembarcarlo, mas lo impidió la enérgica intervención del fraile agustino. Por fin ambos lograron zarpar para América (3-VIII-1822), cuando el medio hermano de Túpac Amaru tenía 75 años y había pasado más de 40 entre la prisión y el destierro.

El mareo, los alimentos impropios y el viaje a la intemperie, pusieron nuevamente en trance de muerte al infortunado peruano. También entonces la abnegación del padre Durán Martel impidió su fin. Esta humanísima conducta extrañaba sobremanera al capitán del barco, incapaz de comprender tan desinteresado esfuerzo "que un europeo sólo la tributa al dinero o al poder". Transcurridos 70 días de penosísima navegación arribaron a Buenos Aires. Un antiguo compañero de exilio, el prócer argentino Juan Bautista Azopardo, le brindó alojamiento y logró el apoyo del Estado por decreto que firmó el presidente Rivadavia. El medio hermano de Túpac Amaru obtuvo casa y una pensión de 30 pesos mensuales durante el tiempo que permaneciese en territorio argentino, con la sola condición de escribir sus *Memorias* de puño y letra.

Nada hay tan emotivo como el encuentro de dos lejanas e históricas generaciones: la del ilustre precursor José Gabriel Túpac Amaru y la del insigne libertador venezolano Simón Bolívar. El 15 de mayo de 1825, ya libre el Perú y América y en momentos que el egregio Canning detenía los turbios manejos de la llamada Santa Alianza y reconocía la independencia de los nuevos estados, el anciano Juan

Bautista Túpac Amaru escribió al Libertador la histórica carta siguiente:

"Si ha sido un deber de los amigos de la Patria de los Incas, cuya memoria me es la más tierna y respetuosa, felicitar al Héroe de Colombia y Libertador de los vastos países de la América del Sur, a mí me obliga un doble motivo a manifestar mi corazón lleno del más alto júbilo, cuando he sido conservado hasta la edad de ochenta y seis años, en medio de los mayores trabajos y peligros de perder mi existencia, para ver consumada la obra grande y siempre justa que nos pondría en el goce de nuestros derechos y nuestra libertad; a ella propendió Don José Gabriel Tupamaro, mi tierno y venerado hermano, mártir del Imperio peruano, cuya sangre fue el riego que había preparado aquella tierra para fructificar los mejores frutos que el Gran Bolívar había de recoger con su mano valerosa y llena de la mayor generosidad; a ella propendí yo también y aunque no tuve la gloria de derramar la sangre que de mis Incas padres corre por mis venas, cuarenta años de prisiones y destierros han sido el fruto de los justos deseos y esfuerzos que hice por volver a la libertad y posesión de los derechos que los tiranos usurparon con tanta crueldad; yo por mí y a nombre de sus Manos sagrados, felicito al Genio del Siglo de América, y no teniendo otras ofrendas que presentar en las aras del reconocimiento, lleno de bendiciones al hijo que ha sabido ser la gloria de sus padres.

"Dios es justísimo, Dios propicio sea con todas las empresas del inmortal Don Simón Bolívar, y corone sus fatigas con laureles de inmortal gloria, conservándole para consuelo de la numerosa familia que aún lamenta la injusta muerte de sus padres; y si posible es, reúna el único resto que conserva la Providencia de los Incas del Perú, a las frías cenizas de sus venerados progenitores.

"Yo, señor, al considerar la serie de mis trabajos, y que aún me conservo, aliento en mi pecho la esperanza lisonjera de respirar el aire de mi patria, y confío que el Gran Bolívar no desatenderá una obra propia de su alma grande y generosa; sólo aguardo que se allanen todos los pasos para el Alto Perú a donde me llama naturaleza, no obstante estar favorecido de este gobierno de Buenos Aires desde que pisé sus playas, y de cuantos han considerado mis desgracias y trabajos incalculables, que tendría en nada, si antes de cerrar mis ojos viera a mi Libertador, y con este consuelo bajara al sepulcro: lo desea y acaso lo consiga el que con indecibles gratitudes es de S. E., el más afecto servidor y reconocido." La carta está dirigida al "Libertador del Perú".

Cinco años después de llegar a Buenos Aires falleció Juan Bautista Túpac Amaru, el dos de septiembre de 1827, tras de haber sufrido los más grandes infortunios que un mortal puede sobrellevar. Cuando expiró el noble incaico, el movimiento independentista había concluido en el Perú y una época de nefasta anarquía asomó su rostro extraño sobre la existencia y futuro de aquellos hombres heroicos pero desorientados ante las exigencias de una vida social de plena, de auténtica justicia, como pidió en el siglo XVIII el prócer Túpac Amaru, cuyo nombre precursor es sinónimo de libertad.

Bibliografía

AMCDV, nº XVII.

(3) pp. 13-65, 85-149.

(23) pp. 10-29.

(95) doc. nº 8, pp. 451-52.

XXV. INTERPRETACIÓN

La rebelión de Túpac Amaru es el movimiento anticolonialista, reivindicador y precursor de justicia social e independencia política más importante que haya tenido el Perú. Su valor aumenta si lo recordamos como un suceso anterior a la revolución francesa —que tantos otros movimientos propició— y acaeció cuando todavía la revolución separatista estadounidense estaba en plena pugna.

El levantamiento del epónimo caudillo es complejo. Comienza con una protesta contra la tiranía colonial de las autoridades, al compás de entrecruzamientos favorables. El proceso siguió entonces un ritmo ascendente. De la protesta en sordina se pasó a la gestión pacífica, dentro del marco de la ley. Cuando la justicia de los funcionarios reales aparece claramente ineficaz, Túpac Amaru ensayará reclamar ante los estrados judiciales. Descubre entonces que en Lima los oidores sustituyen a los corregidores, mientras el Virrey se lava las manos.

Pero en la Ciudad de los Reyes no sólo hay burla y escarnio a la justicia, impacto que Túpac Amaru devolverá con pullas tipificantes. La otra cara del problema aparecerá merced a sus contactos provechosos con miembros del grupo criollo renovador, progresista, encabezado por el célebre jurista y catedrático sanmarquino José Baquíjano y Carrillo. Sin modificar la base misma de sus reclamos, Túpac Amaru descubre con claridad en Lima cuál es la auténtica meta de su futuro levantamiento. El impacto ideológico que recibe, modifica y perfecciona sus puntos de vista. A la motivación indigenista y reivindicatoria del incanato, a la simple revancha de casta, seguirá un sentido de integración peruanista avasallador. Esta visión aglutinante de Túpac Amaru procede, en lo esencial, de la tradición imperial incaica.

Cuando se produce su levantamiento armado, Túpac Amaru busca extender la prédica proselitista. Su Epistolario y sus Bandos constituyen una prueba, más allá del interés circunstancial, de la treta estratégica. El mayor temor del caudillo es la interna división que contempla alzarse entre indios y mestizos y en cada una de dichas castas. Por eso su lenguaje es conciliador para los criollos que acepten su movimiento y hasta para los peninsulares que lo siguiesen. Cuando Túpac Amaru da el grito rebelde, todos los grupos no-privilegiados siguen sus banderas. Al ejecutar un Esclavo al temido corregidor Arriaga, los negros se unen al movimiento. Esto determinará su Bando de libertad, documento fundamental para la historia social del Perú —grito ejemplar que San Martín y Castilla imitarán. La victoria de Sangarara incrementa la participación de las castas explotadas.

Los escritos del caudillo son moderadas. No desea asustar a nadie. Se presenta como ejecutor de un mandato del monarca, lucha por la defensa económica de los súbditos más necesitados, a quienes agobian las excesivas cargas fiscales o "pechos" y porque la justicia social se realice. Esta actitud de resonancia hispanoamericana persiste hasta el levantamiento del cerco del Cusco, al pasar de la ofensiva a una posición defensiva. Entonces paulatinamente, Túpac Amaru varía de conducta. Del inicial fidelismo característico, de la búsqueda de justicia social, pasa a una clara posición independentista, objetivada en su Bando histórico donde "José I" apenas conserva un débil hilo relacionante con el Imperio colonial hispánico. En este momento hay un claro entrecruzamiento de diversos intereses de casta. Los indios y otros grupos no-privilegiados desean, a cualquier precio, romper un yugo insoportable, estimulado por el recuerdo de sus antiguas grandezas. Las autoridades peninsulares buscan ahogar el movimiento subversivo en sus territorios, ganados perpetuamente por derecho de invasión y conquista. Ellos saben bien lo que ocurre, como lo prueba la existencia del texto en copia reservada de las "Noticias Secretas" en el Cusco, texto que perteneció al visitador Areche y que conoció y utilizó su amigo el canónigo peninsular Ximénez de Villalba. Por eso, Areche enuncia la tesis independentista del levantamiento de Túpac Amaru. Es un punto de vista que aquí recojo y defiendo a la luz de una nueva documentación —en su mayor parte inédita. Por último, un grupo intermedio, predominantemente criollo, aspira a reformas saludables, llegando hasta un gobierno virreinal propio que no desconoce la autoridad del Rey.

Esta nueva etapa también muestra su incremento táctico. Primero aparece en forma mitigada. Exige la presencia de un Virrey peruano. Túpac Amaru cambia la versión criolla. En lugar de un Virrey limeño, aboga por un Virrey cusqueño que acredite descender de la antigua familia imperial incaica. Su planteamiento es uno de los más audaces dentro de su brevedad. En ese momento comienza "a desabrochar" su decisión independentista. La carta decisiva se jugará en el momento postrero. Antes seguirá sondeando. Pedirá al Visitador cosas circunstancialmente inaceptables para el Virrey y el Rey de España: que los corregidores sean sustituidos por alcaldes mayores, que los Indios de Tinta estén eximidos de servir en la neurálgica mita de Potosí y, en general, que se otorguen condiciones de trabajo más aceptables a los indios mineros y textiles, que la administración de justicia mejore y se erija una Audiencia en el Cusco, que a los nobles incaicos se les reconozca la plenitud de sus fueros y privilegios. Los pedidos de Túpac Amaru eran lógicos y justos, pero inescuchables por la Corona. Prueba es que la Corte accedió a la casi totalidad de los pedidos cuando fue hecho por las altas autoridades coloniales y la rebelión había sido aplastada. Salvado el intocable prestigio de autoridad, aparecerán los intendentes y subdelegados en vez de los corregidores, se extinguirán los odiados Repartos mercantiles, se creará la Audiencia del Cusco (3-V-1787), ubicada entre las lejanas de Lima y Chuquisaca.

En aquel mundo colonial fue el auténtico fidelismo de Túpac Amaru factor que llevó a trascender su momento histórico. Con él aparece la nueva era independentista. Otros hechos concomitantes lo confirmarán. El triunfo de las autoridades monárquicas es más aparente que real. Porque la rebelión de Túpac Amaru es un síntoma inconfundible de la declinación colonialista en Hispanoamérica. Así lo vio a la distancia el genio político del conde de Aranda y lo llegó a contemplar realizado, para su ventura, el venerable anciano Juan Bautista Túpac Amaru, cuyo increíble saludo a Bolívar es símbolo de tenacidad y valor indesmayable propio de las grandes causas. Por esto, el caudillo epónimo representa un hito histórico, una nueva Era. Un aliento de grandeza, una interna filosofía asentada en el pasado autóctono y remozada por lo hispánico, emana de su rebelión. Túpac Amaru es el precursor de la justicia social para el hombre peruano y, simultáneamente, de su independentismo colectivo, es decir es un precursor de la independencia plena que el Perú actual todavía reclama.

BIBLIOGRAFÍA GENERAL

Archivos consultados

Archivo Nacional de Lima (ANL)
Archivo de Hacienda y Comercio (AHC)
Biblioteca Nacional de Lima (BNL)
Archivo y Microfilmoteca C.D.V. (AMCDV)
Archivo Histórico del Cusco (AHC)
Archivo de la Parroquia de Pampamarca (APP)
Archivo General de Indias (AGI)
Academia de la Historia de Madrid (AHM)
British Museum (BM)
Public Record Office (Londres) (PRO)

Documentos editados

1. *Documentos para la historia de la sublevación de José Gabriel Túpac Amaru, cacique de la provincia de Tinta en el Perú*. Col. Angelis, t. V, 1ª edición. (Buenos Aires. Imp. del Estado, 1836.)
2. *Documentos históricos del Perú*. Col. Odriozola, t. I. (Lima, Tip. Alfaro, 1863.) (Transcribe la casi totalidad de los documentos de Angelis.)
3. *Cuarenta años de cautiverio* por Juan Bautista Túpac Amaru. Col. Leayza, S. I, t. I. (Lima, Imp. Miranda, 1941.)
4. *Juan Santos, el invencible. Ibid*, t. II. (Lima, Imp. Miranda, 1942.)
5. *La verdad desnuda* o *Las dos faces de un Obispo* por Un Imparcial, Religioso Lego del Cuzco. *Ibid.*, t. III. (Lima, Imp. Miranda, 1943.) (Tomada de la Col. Matalinares, t. 81, Academia de la Historia de Madrid.)
6. *Estado del Perú* (*1780*) por Rafael José Sahuaraura. *Ibid.*, t. V. (Lima, Imp. Miranda, 1944.)
7. *Mártires y heroínas. Ibid.*, t. IX. (Lima, Imp. Miranda, 1945.)

8. *Genealogía de Túpac Amaru. Ibid.*, t. X. (Lima, Imp. Miranda, 1946.)
9. *Preliminares del Incendio. Ibid.*, t. XIII. (Lima, Imp. Miranda, 1947.)
10. *Guerra Separatista. Rebeliones de indios en Sur América. La sublevación. Crónica de Melchor de Paz.* Pub. Luis Antonio Eguiguren. 2 tomos. (Lima, Imp. Torres-Aguirre, 1952.)
11. *Guerra Separatista del Perú.* Pub. L. A. Eguiguren. (Lima, Imp. Torres-Aguirre, 1942.)
12. *Relación* del virrey Manuel de Jáuregui. Col. Lorente, t. III (Madrid, Imp. Rivadeneyra, 1872.)
13. *Relación* del virrey Agustín de Jáuregui. *Ibid.*
14. *Informe relacionado, que el Cabildo, Justicia y Regimiento de la Ciudad hace a V. M. con documentos desde 1780 al 783. Ibid.*
15. *Representación de la ciudad del Cuzco, en el año 1768, sobre excesos de corregidores y curas.* Ibid.
16. *Oficio del visitador Escobedo al ministro Gálvez. Año 1785. Ibid.*
17. *Relación* del virrey Teodoro de Croix. Col. M. A. Fuentes. t. V. (Lima, Lib. F. Bailly, 1859.)
18. *Sublevación de Oruro.* 1781. Buenos Aires, 1944. Copias del Archivo General de la Nación. (BNL)
19. *Documentos relativos a la rebelión de Túpac Amaru.* (Revista de Archivos y Bibliotecas, vol. IV, Lima, 1900, pp. 501-532.) (Contiene Cartas de Arriaga, un *Diario* de la rebelión y una *Relación* de los sucesos de Arequipa.)
20. *Relación* de los hechos más notables, etcétera. (*Ibid.*, vol. V, Lima, IX-1900.)
21. *Colección de documentos relativos a la historia de Bolivia durante la época colonial.* (París, Franck, 1872.)
22. *Documentos para la historia antigua de Bolivia* por José Rosendo Gutiérrez. (La Paz, Imp. de la Unión, 1879.)
23. *La familia del cacique Túpac Amaru.* Pub. C. D. Valcárcel. (Lima, Imp. Miranda, 1947.)
24. *Indice de documentos referentes al Juicio sobre legítima descendencia del Inca Túpac Amaru.* Pub. C. D. Valcárcel. (Lima, Imp. Miranda, 1948.)

25. *Indice del Archivo del Colegio de Ciencias* (*Cusco*) Pub. C. D. Valcárcel.
26. *Documentos de la Audiencia del Cusco en el A.G.I.* Pub. C. D. Valcárcel. (Lima, Ed. San Marcos, 1957.)
27. *Documentos sobre la rebelión de Túpac Amaru.* Pub. D. Valcárcel. (Bol. Bibliográfico de la Univ. de San Marcos, Núms. 3-4, Lima, XII-1944, pp. 202-21.)
28. *Un documento sobre la rebelión del cacique Túpac Amaru.* Pub. D. Valcárcel. (Rev. Letras, nº 33, Lima, 1946, pp. 122-31.)
29. *Documentos sobre gestiones del cacique Túpac Amaru ante la Audiencia de Lima.* Pub. D. Valcárcel (Rev. Letras, nº 35, Lima, 1946, pp. 452-66.)
30. *Gregorio José de Merlós.* Pub. D. Valcárcel. (Rev. Letras, nº 38, Lima, 1947, pp. 311-324.)
31. *Estado de la investigación histórica sobre la rebelión de Túpac Amaru.* Pub. D. Valcárcel. (Rev. Mar del Sur, Lima, 1949, pp. 42-53.)
32. *Dos inéditos sobre Fernando Túpac Amaru.* Pub. D. Valcárcel. (Rev. del Instituto Americano de Arte, nº 9, Cusco, 1959, pp. 77-80.)
33. *Información de Méritos del obispo Moscoso.* Pub. D. Valcárcel. (Revista Universitaria del Cusco, nº 118, Cusco, 1960, pp. 32-35.)
34. *Un inédito para el estudio descriptivo de la Rebelión de 1780.* Pub. D. Valcárcel. (La Causa de la Emancipación del Perú, Pub. Inst. Riva-Agüero, Lima, 1960, pp. 3-4.)
35. *Acerca de un libro sobre la Rebelión de Túpac Amaru.* (Bol. Bibliográfico de la Univ. de San Marcos, Núms. 1-4, Lima, 1959, pp. 115-124.)
36. *Un inédito sobre Diego Cristóbal Túpac Amaru.* Pub. C. Mackehenie. (Rev. Contemporáneos, Lima, IV-1909.)
37. *Colegio de caciques: libre de fundación.* (Rev. Inka, Lima, X-XII-1932.)
38. *Mi Kuraka Tupak Amaru.* Pub. J. de la Cruz Salas. (Huaro, Tip. Vilcanota, 1943.) (Tres documentos sobre la familia de Túpac Amaru.)
39. *Documentos sobre la rebelión de Túpac Amaru.* Pub. Ella Dunbar Temple. (Rev. Documenta, nº II, Lima, 1949-50, pp. 656-62.)

40. *Historieta instructiva aunque concisa de la rebelión de José Gabriel de Túpac Amaru.* (Rev. Peruana, Lima, Imp. Liberal, 1879.)
41. *Insurrección de Túpac Amaru* por Emilio del Solar. (Lima, Edit. Opinión Nacional, 1926.)
42. *Túpac Amaru el rebelde* por B. Lewin. (Buenos Aires, Edit. Claridad, 1943.) (Una crítica del autor a esta obra en *Documenta* nº 1, Lima, 1948, pp. 511-513.)
43. *La rebelión de Túpac Amaru* por B. Lewin. (Una crítica del autor sobre esta obra: "Acerca de un libro sobre la rebelión de Túpac Amaru", en Boletín Bibliográfico de la Univ. de San Marcos, Núms. 1-4, Lima, 1959, pp. 115-24.)
44. *Túpac Amaru. La revolución precursora de la emancipación continental* por J. Cornejo Bouroncle. (Cusco, Imp. H. G. Rozas, 1949.) (Una crítica del autor a esta obra en *Documenta* nº 3, pp. 510-12, Lima, 1955.) (La 2ª edición, aumentada pero no corregida, Cusco, 1963, es susceptible de análoga crítica.)
45. *Rebeliones indígenas* por D. Valcárcel. (Lima, Edit. PTCM, 1946.)
46. *La rebelión de Túpac Amaru* por D. Valcárcel. (México, FCE, Col. "Tierra Firme", nº 31, 1947.)
47. *Bibliografía de Daniel Valcárcel.* (Lima, Imp. de la Univ. de San Marcos, 1961.) (Datos sobre otros artículos y ensayos.)
48. *Sucesos memorables de la revolución peruana a favor de su independencia de la dominación española.* (Museo Erudito, Cusco, Núms. 9-12, 1857.)
49. *Ciertos aspectos de la rebelión de Túpac Amaru II* por Phillips A. Means, (Rev. Peruanidad, Lima, nº 7, VI-1942.)
50. *Tupaj Katari* por Augusto Guzmán. (México, Col. "Tierra Firme", FCE, 1944.)
51. *Los Chuquihuancas hasta la época de Túpac Amaru* por Francisco Mostajo. (Actas XXVII Congreso de Americanistas, t. II. Lib. e Imp. Gil, Lima, 1939.)

52. *Travels in Peru and Indian,* by C. R. Markham. (London, J. Murray, 1862.)
53. *El Puma indomable* por L. Luna. (Arequipa, Tip. Quiroz Perea, 1944.)
54. *Descripción Corográfica de Tinta.* (Mercurio Peruano. Lima, Bailly, 1861.)
55. *Geografía del Perú Virreinal* (de Cosme Bueno). Pub. D. Valcárcel. (Lima, Imp. Miranda, 1951.)
56. *Descripción de la vida de Potosí* por Juan del Pino Manrique. (Col. Angelis, t. II. Buenos Aires, Imp. Colmegna, 1900.)
57. *Crónica general del Perú* por Pedro Cieza de León. (Col. 'E. Vedia, t. II, Madrid, M. Rivadeneyra, 1862.)
58. *Sublevaciones de indígenas en el departamento de Puno* por José Sebastián Urquiaga. (Arequipa, Tip. Franklin, 1916.)
59. *Rebeliones indígenas en Lima durante la Colonia,* por Carlos A. Romero. (Revista Histórica, t. IX, 1935.)
60. *Las insurrecciones y levantamientos de Huarochirí y sus factores determinantes* por Hildebrando R. Sotelo. (Lima, Emp. La Prensa, 1942.)
61. *El nuevo indio* por José Uriel García. (Cusco, Edit. Rozas, 1930.)
62. *La descendencia de Huayna Cápac* por Ella Dúnbar Temple. (Revista Histórica, t. XI-XIII, Lima, 1937-1940.)
63. *Los comuneros* por Germán Arciniegas. (Santiago de Chile, Edit. Zig-zag, 1940.)

Obras complementarias

64. *Recopilación de Leyes de Los Reinos de las Indias.* (Madrid, Boix, 1841.)
65. *Real Ordenanza para el establecimiento e instrucción de Intendentes de Exencito y Provincia en el Virreinato de Buenos-Aires.* (Madrid, Imprenta Real, 1782.)
66. *Itinerarios para Parochos de Indios, en que se tratan las materias más particulares, tocantes a ellos,*

para su buena Administración, por Alonso de la Peña Montenegro. (2ª edición, 1678.)
67. *Política Indias* por Juan de Solórzano y Pereyra. (Madrid, Cía. Iberoamericana.)
68. *Estado social del Perú durante la dominación española* por Javier Prado. (Col. Hist. Clásicos del Perú, t. I. Lima, Imp. Gil, 1941.)
69. *La vida intelectual en la colonia* por Felipe Barreda y Laos. (Lima, Imp. La Industria, 1909.)
70. *Comentarios Reales* de Garcilaso de la Vega. (Lisboa, Edit. Pedro Cresbeeck, MDCIX.)
71. *Relación del Cuzco* por Ignacio de Castro. (MS. AMCDV.) (Hay una primera y única edición, publicada en Madrid, por el Imp. de la Viuda de Ibarra, 1795.)
72. *Compendio histórico de los trabajos, fatigas, sudores y muertos que los ministros evangélicos de la seráfica religión han podecido por la conversión de las almas de los gentiles en las montañas de los Andes pertenecientes a las provincias del Perú* por fray José Amich. (París, Lib. de Rosa y Bouret, 1854.)
73. *Relaciones Geográficas* pub. Marcos Jiménez de la Espada, t. I (Madrid, Tip. Hernández, 1881.)
74. *Posesiones Geográficas de las tribus del Imperio Incaico* por C. R. Markham. Col. Urteaga-Romero, 2ª serie, t. VII. (Lima, Imp. Sanmarti, 1923.)
75. *El Lazarillo de Ciegos Caminantes* por Concolorcorvo. Bib. Cultura Peruana, S. I., nº 6. (París, Declée de Brouwer et Cie., 1938.)
76. *La Encomienda Indiana* por Silvio Zavala. (Madrid, Imp. Helénica, 1935.)
77. *La vida intelectual en la América española* por Vicente G. Quesada. (Buenos Aires, J. Rosso, 1917.)
78. *La Causa de la Emancipación del Perú.* Pub. Inst. Riva-Agüero. (Lima, 1960.)
79. *Noticias secretas de América* por Jorge Juan y Antonio de Ulloa. (Londres, Imp. Taylos, 1826.)
80. *Episcopologio de la Diócesis del Antiguo Virreinato del Perú.* Desde sus orígenes hasta la Emancipación (1513-1825). Por R. Vargas Ugarte.

81. *Historia del Derecho Peruano* por J. Basadre. (Lima, Edit. Antena, 1937.)
82. *El régimen de la mita* por J. Basadre. (Rev. Letras, Lima, 3er. cuatrimestre, 1937.)
83. *La Gran Bretaña y la Independencia del Perú* por Raúl Porras Barrenechea. (Bol. Museo Bolivariano nº 8, Lima, IV-1929.)
84. *Meditaciones Peruanas* por V. A. Belaunde. (Lima, C.I.P., 1932.)
85. *Siete Ensayos de interpretación de la realidad peruana* por J. C. Mariátegui.
86. *El pueblo en la revolución americana* por L. A. Sánchez. (Buenos Aires, Americalée, 1942.)
87. *Geografía Económica del Perú* por Emilio Romero. (Lima, Imp. Torres-Aguirre, 1944.)
88. *Estudios sobre el tráfico marítimo en la época colonial* por Manuel Moreyra y Paz Seldán. (Lima, Lib. e Imp. Gil, 1944.)
89. *Apuntes de Historia Crítica del Perú* (*Época colonial*) por Carlos Wiesse. (Lima, Lib. e Imp. Rosay, 1909.)
90. *Ruta Cultural del Perú* por Luis E. Valcárcel. (México, Edit. Fondo de Cultura Económica, 1945.)
91. *Comercio y Navegación entre España e Indias* por Clarence H. Haring. (México, Edit. FCE, 1939.)
92. *Fidelismo y Separatismo en el Perú* por D. Valcárcel. (México, Sep. de la Revista de Historia de América, Núms. 37-38, 1954.)
93. *Perú Borbónico y Emancipación* por D. V. (México, Inst. Panamericano de Geografía e Historia, 1960.)
94. *Fuentes Documentales para la Historia de la Independencia de América. Misión de Investigación en los Archivos Europeos* por D. V. México.
95. *Testimonios sobre el Libertador.* (Caracas, Imprenta Nacional, 1964.)

Hemeroteca

Revista Histórica (Lima).
Revista del Archivo Nacional (Lima).
Revista Letras (Fac. Letras de la Univ. San Marcos).

Boletín Bibliográfico (Bib. Central de la Univ. San Marcos).
Boletín de la Biblioteca Nacional (Lima).
Anuario Bibliográfico (Biblioteca Nacional, Lima).
Fénix (Biblioteca Nacional, Lima).
Boletín del Museo Bolivariano (Lima).
Historia (Lima).
Mar del Sur (Lima).
Documenta (Lima).
Revista Universitaria (Cusco).
Revista del Archivo Histórico (Cusco).
Revista del Instituto Americano de Arte (Cusco).
Nuestra Historia (Cusco).
Revista de Historia de América (México).
Boletín del Instituto de Investigaciones Históricas (Argentina).
Revista de Indias (Madrid).
Anuario de Estudios Hispanoamericanos (Sevilla).

ÍNDICE

Este libro se terminó de imprimir y encuadernar en el mes de junio de 1996 en Impresora y Encuadernadora Progreso, S. A. de C. V. (IEPSA), Calz. de San Lorenzo, 244; 09830 México, D. F.
Se tiraron 3 000 ejemplares.